就活の神さま

自信のなかったボクを
「納得内定」に導いた22の教え

常見陽平
Yohei Tsunemi

WAVE出版

はじめに

「就活なんて大嫌いだ」

「今の就活はおかしい」

この本を手にとった皆さんは、きっとこうお考えのことでしょう。

こうしている今も、多くの学生が就活に苦しんでいます。なかには、心が折れてしまった学生もいるでしょう。彼らと接することの多い私は、いつも胸を痛めています。

さすがに、オトナたちも「おかしい」と気づき始めました。

「内定率が過去最低を更新。就活に苦しむ学生たち」

こんな記事やニュースをよく目にします。新卒一括採用が問題だ。いや、企業と学生のミスマッチが問題だ、大学生が増えすぎだ……。著名人は「就活問題」についてああだこうだと議論します。官公庁や経済団体、学術団体からもさまざまな改革案が提示されています。しかし、ときにその議論は学生たちを置き去りにしてはいないでしょうか？

若者に檄《げき》を飛ばす方もいらっしゃいます。

就職だけが人生じゃない。スティーブ・ジョブズを見ろ。彼は、ガレージから出発してアップルをつくり上げたんだ。若者よ、ジョブズをめざせ！

でも、ちょっと待ってください。

学生の大半は、「フツーの人」なんですよ。ジョブズなんて持ち出されても、困惑するだけじゃないですか。そりゃ、なかにはジョブズの卵のような学生もいますけど。しかも、“Stay hungry. Stay foolish.（ハングリーであれ、愚か者であれ）”という彼の名言をドヤ顔で受け売りするオトナに限って、若者の可能性をつぶしていたりします。そして、ほとんどの学生は、いろんな夢や不満を抱えながらも、就活に飲み込まれていくのです。

それよりも、「フツーの学生」はどうすればハッピーに働くことができるのか。

就活をやらざるを得ないとしたならば、どうすればいいのか。

そのことを、もっとわれわれオトナは真剣に考えるべきなんじゃないでしょうか。そうでなければ、どんなに立派な意見を言ったって、学生不在の偽善にすぎないんじゃないでしょうか。

自分の道を強く進みたい、それでも就活をなんとかしたいと願うフツーの学生をとことん応援したい。その思いを込めて、この本をつくりました。

本書は、あえて小説という形式をとりました。

なぜなら、就活でいちばん大切なことは物語でなければ伝えられないと思うからです。

私は、就活で大切なのは、「とにかく、一歩踏み出すこと」「考えて行動すること」、そして、「諦めずにやりきること」だと思っています。これは人生にとってもきわめて大切なことです。

ただ、このことを通り一遍の〝お説教〟で伝えることはできないと思います。それよりも、「フツーの学生」があれこれ失敗しながら成長していくストーリーを通して、何かを感じ取ってほしいと考えました。

もちろん、就活にはノウハウも必要です。だから、ノウハウとマインドの両方をバランスよくお伝えすることに腐心しました。

人生には苦難がつきものです。就活はそんな人生の一コマにすぎません。だからこそ、私は、フツーの学生が「就活」という困難を乗り越えるプロセスを楽しめるように、試行錯誤をサボらず、紆余曲折《うよきょくせつ》を怖がらないように応援したい。

そして就活も含めて、学生時代の経験を通じて、こんな時代を生き抜く力を身につけてほしいと思っています。

この本で、ひとりでも多くの若者が、前に進む力をつかんでくれればと祈っています。

それでは、そろそろ物語を始めましょうか――。

常見陽平

はじめに

第1章

就活が、くる。

第2章

だけど、僕には自信がない。

第3章 ひとりぼっちの「自分探し」。

第4章

学歴差別に負けるな。

第5章

いい会社って、何だ？

第6章

片思いじゃ、ダメなんだ。

第7章 面接を楽しめ。

第8章 徹底的に、やり抜け。

第9章 最終決戦が、やってきた。

第10章

内定の、その先へ。

装丁　鈴木大輔（ソウルデザイン）
イラスト　高田真弓
DTP　NOAH
編集　田中　泰

第1章 就活が、くる。

【大学3年5月】

→ 就職ガイダンス

その日、就活が目の前にあらわれた

大学生活なんて、あっけないもんだ……。

通いなれた大学キャンパスを歩きながら、そう思った。

向かっているのは1号館2階の大教室。18時から大学主催の「就職ガイダンス」[*1]が開かれるのだ。

入学してはや2年。ボクはこの春、大学3年になった。

大学のキャリアセンター[*2]から「就職ガイダンスのお知らせ」というメールが届いたのは2週間ほど前のこと。

「もう、就活かよ……」

一瞬、そのまま無視しようかとも思ったけど、〝落ちこぼれ〟になるのもこわかった。それで、いちおう申し込んでおいたのだ。

先週末に梅雨入りしてから、ずっとジトジトした雨が降っている。

キャンパスには、傘をさした大勢の学生たちが行きかっていた。なんせマン

＊1　就職ガイダンス

大学で開催される就活に関する説明会。大学3年の4〜7月か、夏休み明け頃に開く大学が多い。テーマを変えて何度か開催する大学も。就活の基礎知識、昨年度の振り返りと今年度の展望、その大学の就職状況、外部の専門家や就職情報会社スタッフによる講演、就活を終えた4年生によるパネルディスカッションなどで構成される。

モス大学だ。学部ごとにキャンパスが分かれているが、ボクの通う社会学部だけでも学生の数はハンパない。

1号館に入ると、5〜6人の女の子のグループがいた。何がおかしいのか、キャッキャとはしゃいでいる。たぶん、新入生だろう。

いいよなぁ……。

そばを通り過ぎて、階段を上りながら、入学した頃のことを思い出していた。

あの頃、ボクは複雑な心境だった。なぜなら、志望校はすべて不合格で、偏差値55のこの大学はあくまで〝すべり止め〟だったからだ。それでも、なぜかわけもなくワクワクする感覚もあった。

なんだったんだろう、あの気持ちは？

苦痛だった受験勉強から解放されたからだろうか？

パッとしなかった名古屋の公立高校での生活から解放されたからだろうか？

それとも、親元を離れて、東京でひとり暮らしをする解放感だったのだろうか？

とにかく、**「なんかスゴイことが自分に起こるかもしれない」**という期待感があった。小さい頃から地味だった自分が、変われるような気がしていたんだ。

＊2 **キャリアセンター**
大学において就職支援、キャリア形成支援を行う組織。どこまでの機能を担うかは大学によって異なり、名称も「就職課」「キャリア支援室」など様々である。就職ガイダンスの実施、就活対策講座の運営、OB・OGとの交流会の開催、業界・企業研究会や学内企業説明会など各種就活支援イベントを開催している。また、希望者は、スタッフやキャリアカウンセラーの面談を受けることもできる。

だけど、な~んにも起こらなかった。

気がつけば、単位をとるために大学に通い、週に3~4日バイトするだけの生活。しかも、ひとりぼっちだった。大学に来れば会話する友だちくらいはいるけど、何でも話せる親友なんていない。もちろん、彼女もいない。正直にいえば、この2年間、半分引きこもっていたようなものだ。

[*3]大学が楽しいなんて、ウソだ——。

ボクは、心のなかで大きな溜め息をついた。

「3年、斉藤晃彦、学籍番号793829」

出席票に名前を記入した。時計を見ると17時30分。開始までまだ30分もあるのに、すでに席の半分くらいが埋まっていた。ボクはいちばん後ろの席で、頬《ほお》杖《づえ》をつきながら、受付で渡された分厚い資料に目を通していた。

周りの学生の会話が耳に入ってくる。

「来週からG&Pのインターン募集が始まるってよ」

「こないだ、サークルの先輩にOB訪問してみたんだ。はじめてだから緊張したよ~」

＊3　大学進学に対する意識

「入学した大学に満足しているか」「大学生活に満足しているか」は調査方法などにより結果の違いが大きい。『大学生の学習・生活に関する意識・実態調査』（Benesse教育研究開発センター）では、「ぜひ入りたいと思って進学した」32・4%「やや満足して進学した」45・7%と、あわせると8割が満足という結果となった。ただし、「やや満足して進学した」と回答した学生には、多様な背景や複雑な心境が見え隠れする。不本意入学など、大学生活に何らかの不満を抱く層は潜在的にいると考えられる。

もう、みんな動き始めてるんだ……。

じわっと焦りを感じた。

就活のことなんて、まだ何も考えてなかったからだ。

3人にひとりが「就活難民」？

しばらくすると、ガイダンスが始まった。

会場はすでに満席だった。

キャリアセンター長が、やけに元気な声で挨拶を始めた。だが、その内容は、声とは裏腹に〝真っ暗〟なものだった。

「いまや、**新・就職氷河期**[*4]ともいえる状態です。

今年の4月に卒業した先輩たちの大学全体での内定率は90％でした。でも、これは〝数字のマジック〟ですから、真に受けたらいけません。

本学は一学年1万人です。だから、90％ならば9000人が就職しているはずです。だけど、就職できたのは6000人。実際には60％なんです。

＊4 新・就職氷河期
リクルートワークス研究所が発表する新卒の求人倍率をみると、08年卒、09年卒が2・14倍だったのに対し、10年卒が1・62倍（追跡調査では1・35倍）、11年卒は1・28倍、12年卒は1・23倍と低下している。求人数の減少が就職難の原因とも考えられているが、これだけではない。就職難の原因は経済的要因（求人数など）と構造的要因（いわゆるミスマッチ）に分けられる。経済的要因もあるが、実際は企業の新卒採用にかける意欲は高く、00年代後半からの就職難は構造的要因による部分が大きい。企業の求める人物像が高度化する一方、学生は人気企業、大企業を中心に応募。その学生の質も大学全入時代のため多様化した。このミスマッチが問題。

なぜ、こんなことが起きるのか？

それは、3300人もの学生が就職留年や資格試験に切り替えているからです。彼らは〝就職希望者〟にはカウントされません。だから、彼らを除く6700人のうち6000人が就職できたということで、内定率*5 90%と発表しているんです」

なんでそんなウソをつくんだよ……。

それに、この教室にいる学生のうち、**3人にひとりは就活難民*6**になるってことじゃないか……。

センター長の話は、そんなボクをさらに追いつめた。

「申し訳ないですが、大学を出たからといって、誰でも就職できる時代ではありません。ましてや、大手企業にいけるわけでもありません。その現実をしっかりと見つめてください。

企業が求める人材*7も高度化しています。しかも、若手をじっくり育てるだけの余裕*8などありません。成長意欲があること、チャレンジ精神をもっていることが、内定を勝ち取るためには絶対に必要なことです」

＊5　内定率の格差
よく報道される内定率は官庁や就職情報会社の調査であり、あくまで日本全体が対象。大学ごと、エリアごとに差が出る。名門校や、就職支援に力を入れている大学は、そうしたデータよりも10〜20ポイント程度高くなることも。一方、構造的に求人が少ないエリアもあれば、地域によっては採用活動が始まるのが遅いため、同時期比較で低くなることも。

＊6　就活難民
就職先が決まらず苦労する学生のこと。「無い内定」「MNT（未内定の略）」などの呼び方もある。

＊7　企業の求める人材の高度化
企業が求める人材は高度化し続け、「神様スペック」と揶揄されるほどになっている。グローバル化、競争の激化、仕事のスピード

*9 成長意欲？
*10 チャレンジ精神？

ボクは、思いっ切り戸惑っていた。

成長意欲って何だ？　親に高い授業料を払ってもらってるのに、大学なんて単位をとるために通ってるだけ。「面白い！」と思った授業なんてひとつもないし、「自分で勉強したい！」と思うテーマもない。ただただ、退屈な授業に耐えているだけ。**「成長意欲」なんてカケラもないじゃないか。**

もっとこたえたのは、「チャレンジ精神」だ。

実は、ボクは入学したときに軽音サークルに入っていた。これは、ボクなりのチャレンジだった。ロックに出会ったのは中学の頃。いちばん好きなのは*11ニルヴァーナだ。いつもいつも聴いていた。高校の入学祝いにギターを買ってもらって、ひとりで練習していた。本当は、学園祭でスポットライトを浴びる同級生のバンドに入れてほしかったけど、ボクを入れてくれるはずがないって思っていた。

だから、大学に入ったらバンドをつくるのが夢だった。イメチェンもした。部屋のユニットバスで髪の毛を茶色に染めて、古着屋を回って〝それっぽい〟

アップなどが関係している。
最近では、グローバル人材、イノベーター人材などへのニーズが高まっている。『2012年卒マイコミ新卒採用予定調査』によると、02年卒から11年卒にかけて、企業が新卒採用において総合職の評価基準を「ゆるくする」とした回答は売り手市場だった08年卒が最高で約2・6％。特に10年卒以降は厳選傾向が続いている。

＊8　企業の「育てる余裕」　90年代後半からの採用抑制、組織のフラット化などにより、「育てられる上司・先輩」が減っているといわれている。『平成22年度能力開発基本調査』では、「人材育成に関する問題点の内訳（複数回答）」において「指導する人材が不足している」（48・1％）「人材育成を行う時間がない」（46・6％）が上位に入った。

服も買った。気合いは、十分だった。

だけど、中学や高校からバンドをやっていたヤツばかり。めちゃくちゃウマかった。スタジオに行って音を合わせるとわかる。ボクのギターは、バンドになじんでいない。ボクには「テクニック」も「センス」もなかったんだ。

あるとき、ボーカルのヤツがスタジオにギターをもってきた。そして、ボクが弾くはずのパートを弾きながら歌い始めた。そのとき、思った。もう、辞めたほうがいいって……。

だから、大学1年の秋の学園祭を最後に、ひっそりとフェイドアウトした。ボクなりに、空気を読んだのだ。

そんなボクに、「チャレンジ精神」があるって言えるだろうか?

こんなことを考えていると、ボクはその場にいたたまれなくなってしまった。**「オマエはダメだ」**と名指しされているような気がしたのだ。

だから、プログラムが終わると逃げるように会場をあとにした。

1号館の外に出ると雨はまだ降っていた。

ボクはiPhone[*12]を取り出すと、イヤホンを耳に突っ込んで、ニルヴァー

＊9 成長意欲
新卒採用で期待することは「これから成長すること」。継続学習能力があるか、独習する力があるか、伸びしろがあるのかが問われる。これまでの成長した体験、学ぶ姿勢などの事実や適性診断などから判断していく。

＊10 チャレンジ精神
ビジネス環境が厳しくなっていること、新興国への進出が鍵となっていること、革新的新商品・サービスをつくり、広げる人材がほしいことなどから、チャレンジ精神旺盛な人材が求められている。指示待ちではなく自らアクションを起こすことも期待されている。

＊11 ニルヴァーナ
1987年から1994年に活動したバンド。ロックの原点に回帰したような激しい演奏、死などを歌った独特の詩の世界が話題と

ナを大音量でかけた。できるだけ激しい曲をかけて、イライラを吹き飛ばしたかった。

カート・コバーンは就活しねぇ

ガタンガタン……。

電車に乗ってボクは下北沢に向かった。

ちょうど帰宅ラッシュの時間だった。車内にはたくさんのサラリーマンが乗っていた。

近くの席に座っている男性は、よほど疲れているのだろう、大きな口を開けて眠っている。前に立っている二人の女性のひそひそ話が耳に入った。上司の悪口だ。隣に立っている中年男性はスポーツ新聞を読みながら、退屈そうにアクビをしている。アダルトページが丸見えで恥ずかしい……。

つまらない日常、つまらない人生……。社会人になるって、彼らの仲間になるってことだ。そう思うだけでゲンナリした。


なり、音楽だけでなく若者のライフスタイルにも影響を与える。94年にボーカルのカート・コバーンが猟銃で自殺。元メンバーのデイブ・グロールはフー・ファイターズを結成し現在も活躍中。

＊12　iPhone、Androidなどスマートフォン
「就活にあわせてスマートフォンに乗り換えるべきですか？」と相談する学生をよく見かける。本人の好みの問題ではあるが、スマートフォンはたしかに便利。説明会の予約なども簡単。何か記録をとるときや、スケジュール管理するなどにも便利だ。ただ、電池がすぐなくなることやエリアによってはつながりにくいのが難点。『iPhone就活術』（株式会社ジョブウェブ・監、iPhone就活委員会・編、インプレスジャパン）が参考になる。

オヤジのことを思い出した。

地元名古屋の大企業のサラリーマン。マジメを絵に描いたような人だ。毎日夜遅くまで働き、帰ってくると黙ってビールを飲みながらテレビを眺めている。仕事のグチを聞かされることもなかったが、楽しそうな話も聞いたことはない。

これまで、何度、単身赴任をしただろう。週末に帰宅して、一緒にご飯を食べるのがいつも楽しみだったもんだ。

中学生になった頃からは、まともに話した記憶なんてない。毎晩、ビールを飲む後ろ姿をみながら、「オヤジのようにはなりたくない」って思ってた。

ここ数年は白髪も増えて、すっかり老け込んできた。ボクが大きくなったからだろうか？　ひと回り小さくなったような気がする。そして、どうやら役職は課長止まりのようで、定年まであと数年を残すのみだ。

言ってみれば、住宅ローンに追われ、こんなボクのために高い教育費を払い続けてきただけの人生。[*13] **まるで、〝終身刑〟のようじゃないか。**

イヤホンからはニルヴァーナが流れ続けていた。

ボクは、そっとつぶやいた。

＊13　年収、教育費、住宅ローンなど「サラリーマンの現実」
ビジネス雑誌では、年収や教育費、住宅ローンなどに関する特集が年に何度か組まれる。その年の「サラリーマンの現実」が把握できる。

「カート・コバーンは就活しねぇ」

ダサいサラリーマンになんてなりたくないってずっと思ってた。ロック・ミュージシャンのように「才能」ひとつで生きていきたかった。

だけど、**ボクのどこに「才能」がある**？

そんなものないじゃないか……。

どこかの会社に就職しなければ生きていけない、それが現実じゃないか……。

だけど、内心バカにしていたサラリーマンになるのが、とても難しいことのように思えた。だって、ボクが通うのは偏差値55の大学。Fラン大学ではないし、有名校、伝統校ではあるけど、そこの学生であることは何の差別化ポイントにもならない。しかも学生時代に誇れるようなことは何ひとつしていない。

ボクは、どこにも入社できなかった自分を想像した。

とりあえず大学院でも行く？　この成績じゃムリだ。それに、万一行けたとしても、〝高学歴就職難民〟[*14]になるだけじゃないか？

バイトで食いつなぐ？　でも、いいとこ年収２００万円。出世もない。結婚なんてありえない。

それで、50歳になったときどうなってる？

＊14　高学歴就職難民
博士課程に進学しても就職先がない問題。職なし・非正規博士は10万人とも。東大卒博士でも就職率は約40％。

六畳一間の部屋にひとり暮らし。希望のない毎日。バイトもなくなって野宿生活？　そして、たったひとりで死んでいく……。

ボクは、恐ろしい暗闇を見つめるような気分だった。

そんな人生はイヤだ。絶対にイヤだ。

就職するしか道はない。なんとしても「内定」をとらなければ……。

だけど、いったい、どうしたらいいんだ？

ロック・カフェin下北沢

下北沢に着いた。

北口から徒歩10分のところに、ボクのアパートはある。築15年で7万8００円。1階で日当たりはほぼない。決して安くはないが、憧れの街だった。上京前に買った『東京ひとり暮らし完全マニュアル』という本で、〝若者文化の発信地〟と紹介されているのを読んだ。ボクが思い描いていた〝音楽漬け〟の大学生活を送るためには、「ここしかない」と思ったのだ。

バイト先も、この街で見つけた。

「ＳＭＯＫＥ」というロック・カフェだ。

隠れた人気店で、いつも混んでいる。お客さんは会社帰りのサラリーマンが中心だけど、学生でも少し背伸びをすれば入れる料金だ。

この店の〝顔〟は、オーナー兼マスターのジミーさん。もちろん、日本人である。伝説のギタリストであるジミ・ヘンドリックス[*15]の熱狂的ファンなのだ。でも、「ジミ」だと「地味」みたいだから、「ジミー」と呼ばせているそうだ。

本名は木下正夫。ものすごくまともな名前なんだけど、本人はちょっと変わっている。いや、思いっ切り変だ。ボクも、バイトの面接ではじめて出会ったときにはビックリしたもんだ。

見た目からして特徴的だ。とにかく、すごいデブ。そして、背が低い。それで、チョコチョコと走り回るから、まるで真ん丸い小動物のようだ。しかも、髪型はアフロ。まぁ、ジミ・ヘンドリックスに心から憧れてるんだろう、ってことはわかる。

そして、よくしゃべる。ものすごい早口だから、まるでテープの早送りみたいだ。しかも、遠慮というものを知らない。思ったことをズケズケと口にする。

＊15　ジミ・ヘンドリックス
伝説の天才ギタリスト。ロックミュージックのパイオニア。右利き用のギターを逆さまにして左利きの構えで演奏する、ギターを歯や背中で弾く、ステージ上でギターを破壊し火を放つなどのパフォーマンスも有名。１９７０年９月18日、満27歳で謎の死をとげる。

好きな人にフラれて、やけ酒を飲んでた女性客にこう言い放ったこともある。

「フラれたくらいでメソメソ泣くんじゃないよ。そりゃ、アンタ、不細工な顔してんだから、フラれることもあるよ。そんなことで負けてどうすんだよ。それより、3年間も片思いだった人に〝好きです〟って言えたんだろ？　よかったじゃないか。これで、前に進めるじゃないか」

あまりの言い草に、ボクは拭いていたグラスを落としそうになった。もちろん、彼女は泣き崩れた。「どうなることか」とヒヤヒヤしたが、その後、ジミーさんはああだこうだ2時間も3時間も彼女の話に付き合った。そして、最後には、笑顔を取り戻した彼女を「人生いろいろあるけど、頑張っていこうね」と言って送り出したのだ。

そんな人だからだろうか、SMOKEには常連客が多い。

「なんか、居心地がいいんだよね。ジミーさんといると、素の自分に戻れるっていうか……」

ある常連さんに聞いた言葉だ。

たしかにそうかもしれない。ボクも、それでなんとなくバイトを続けてきたような気もする。そして、考えてみれば、この人との出会いが、ボクの学生生活で唯一「スゴイ」ことなのかもしれない。

この日、ボクはバイトだった。

メインストリートを3分ほど歩いて、横道にちょっと入ったところにSMOKEはある。

店に入ると、厨房《ちゅうぼう》から顔を覗かせたジミーさんといきなり目があった。なんだか必死の形相だ。そして、エプロンで手を拭きながら駆け出して来てこうまくしたてた。

「晃彦、早く準備して。この後、20人の団体さんが来るからね。しっかり頼むよ。アタシは厨房で料理を仕上げちゃうから、晃彦はドリンクのほう頼んだよ。さぁ、早く準備して！」

そして、チョコチョコ走って厨房に入ったかと思うと、飛んで帰ってきてこう言った。

「なんか元気ないんじゃない？　暗い顔で接客されると困るからね。頼むよ！」

そして、ポンとボクの肩を叩くとまた厨房に走っていった。

まったくせっかちな人だ。そして、鋭い。

なんで、就活するの？

その日も忙しかった。

バタバタと走り回って、最後のお客さんが帰ったのは12時過ぎだった。片付けを終えると、カウンターでビールを飲んでいたジミーさんに声をかけられた。

「ねぇ、たまには一緒に飲もうよ。こっちにおいで」

カウンターに腰掛けると、ジミーさんはボクの顔をジィーーーッと覗き込みながらこう言った。

「今日、なんかあったでしょ？　言ってごらん」

「い、いやぁ、今日、大学の就職ガイダンスに行ったんですが……」

「え！　晃彦も、もう就活？　早いねぇ。で、なに？　さっそく、ヘコんできたわけ？」

「い、いやぁ、そんなこともないんですけど……」

「あいかわらず、はっきりしないねぇ。そんなことで就活なんてできるの？」

ジミーさんにたたみかけられたボクは、思わずこう口にした。

「い、いやぁ、どうしたら内定とれるのかなぁと思って……」

すると、ジミーさんは「驚いた」と言わんばかりに口をあんぐりと開けてボクを見つめた。そして、こう吐き捨てた。

「何、それ？」

「い、いやぁ……」

「はっきり言ってさ、そんなこと考えているうちは、内定なんてないよ。あ・り・え・な・い」

「……」

ボクは黙るしかなかった。

「だいたい、晃彦は、なんで就活するわけ？*17」

「そ、それは、食べていくためです」

「だったら、ウチでバイト続ければいいんじゃない？」

「いや、それは……」

「それは……って何よ？　仕事に貴賤《きせん》はないんだよ。どんな仕事をしても1円は1円。なぜ、バイトじゃダメなのよ？」

「だって、せっかく大学まで出してくれた親の手前、バイトってわけにはは

＊17　働く理由
『国民生活に関する世論調査（平成22年6月）』によると、20代の働く理由は、お金を得るため：60％（全年齢平均：51・6％）、生きがいをみつけるため：16・1％（同：20％）、自分の才能や能力を発揮するため：11・9％（同：9・1％）となっている。

教科書的には、働く理由は①生活するためと②喜びのためという2つの理由があげられる。生活するためにはお金が必要。保護者や配偶者に食べさせてもらうことも可能だが、保護者は一般的に自分より早く死ぬ。配偶者にしても現代は婚活時代であり、離婚時代。働かないことはリスクである。

一方、顧客の役に立つ、仲間と一緒に働く、成長するなどの喜びのために働くという側面も大切だ。

「なぜ働くのか？」自分なりに考え続けたい。

「……」

「まぁね……、ご両親には感謝しないといけないね。でもさ、晃彦は親のために生きてるの？　**アンタはアンタの人生を生きてるんじゃないの？**」

「それは、そうですけど……」

「じゃ、バイトでもいいんじゃない？」

「いや、でも、40~50歳になってバイトってわけにはいかないじゃないですか。結婚だってしたいし……」

「まぁね、じゃ、お店任せられるくらいになったら正社員にしてやるとしたら？」

「だったら、考えてみますが……」

一瞬、間があった。

ゴツン！

大きな音が響いた。

ボクはビクッとした。

ジミーさんがビールグラスをカウンターに叩きつけたのだ。

そして、大声を出した。

「冗談じゃないよ！　そんなヤツは、こっちが願い下げだよ。**こっちは真剣に商売やってんだ。バカにするんじゃない！**」

いきなりキレられたボクはひっくり返りそうになった。

「す、すみません！　そ、そんなつもりはなかったんです」

必死で謝った。

しかし、ジミーさんはうつむいてジッとしている。

ど、どうしよう……、本気で怒らせてしまったのか？

「ほんとにゴメンなさい！」と言おうとしたときだった。

「クックックッ……」

ジミーさんは肩を震わせ始めた。そして、ボクのほうを振り返ると、「アハハハハハ」と大笑いした。

「？？？？？」

ボクはアッケにとられるばかりだった。

「めっちゃビビッてやんの。まじ、ウケる〜」

「な、なんなんですか？」

ボクは、ムッとした。

そんなボクの肩を叩きながら、ジミーさんは話し始めた。

「ゴメン、ゴメン。ビックリした？　でもさぁ、要するに、晃彦が言ってるのは、安定して食べていくために正社員になりたいってだけじゃない？　それで晃彦を雇う会社があると思う？」

「それは……」

「ないよ。あ・り・え・な・い。だって、**安定して食べることさえできれば、別にその会社じゃなくてもいいってことでしょ？**　そんなヤツを雇うバカはいないって」

「それは、そうですね……」

「でしょ？　だいたいさぁ、アンタ、ここのバイトの面接のとき、なんて言ったか覚えてる？」

「たしか……、音楽のことをたくさん勉強したいから、このお店でバイトがしたいって……」

「そうそう。ほかにも応募あったけど、アンタほど熱意のある子はいなかった。〝この子は本当に音楽が好きなんだな〟って思ったよ。それにマジメそうだったから、アンタに決めたんだ。就活だって同じだよ。〝ここで働きたい！〟〝こんなことがしたい！〟って意欲がなかったら、誰も雇わない。よっぽど能力が高い人は別だけど、アンタはそうじゃないよね？　だったら、〝とにかく内定がほしい〟なんて考えてるようじゃ話にならない」

　ここで一呼吸おいたジミーさんは、ボクの目を見据えながらニヤリと笑った。

　そして、こう声を張り上げた。

「内定をゴールにしたら、就活は失敗する！」

「は、はぁ……」

　あまりの迫力にボクは、二の句を告げなかった。

　ジミーさんは心底ガッカリした表情になってこう言った。

「何、それ？　今、アタシ、めっちゃいいこと言ったよ？　まったく、つまんないヤツだねぇ……。でも、まぁ、これ、就活の初歩の初歩だから。絶対に忘れちゃダメだよ」

　そう言うとビールをクイッと飲み干した。

ジミーさんの教え①

「内定をゴールにしたら、就活は失敗する」！

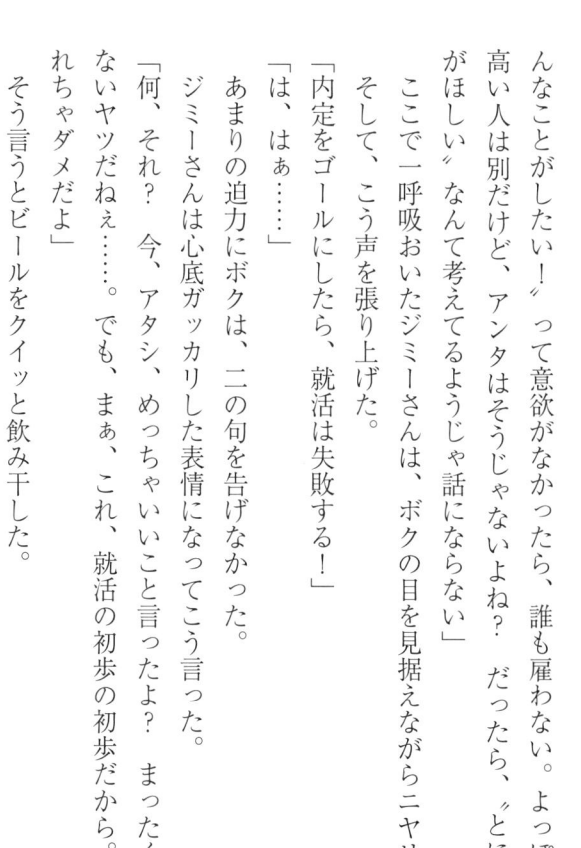

アンタは、何がしたいの？

腑に落ちなかった。

だって、内定がもらえなかったら就活する意味なんてないじゃないか？　だいたい、内定をゴールにしないで、いったい何のために就活をするっていうんだ？

そんなことを考えていた。

すると、ビールを飲み干したジミーさんが聞いてきた。

「で、晃彦は社会に出て、何がしたいの？」

「……」

正直、何も思い浮かばなかった。

「なんか、あるでしょ？」

「そ、そうですね……。音楽業界とかで仕事したいですかね……」

ボクはほとんど思いつきで口にした。

「まぁ、晃彦は音楽好きだもんねぇ。で、音楽業界でどんな仕事がしたいの？」

「ロックバンドにかかわりたいです……」

「ふぅん……」

ジミーさんは気のないふうにタバコに火をつけた。そして、プカ〜と煙を吐きながらこう尋ねた。

「晃彦さぁ、アタシがロックのことスゴい詳しいと思ってるでしょ?」

「はい、もちろんです」

「でもね、実際のところアタシなんてたいしたことない。音楽業界の知り合いもいるけど、ヤツらはほんとハンパじゃないよ。アタシよりも音楽が好きな人、詳しい人なんて星の数ほどいる。アンタは、自分でそこそこロックに詳しいつもりかもしれないけど、はっきり言って**ぜんぜん通用しない**」

「……」

「あの業界、人気あるんだよね。ものすごい倍率だよ。勝ち残る自信ある?」

「……」

「運良く入社できたとする。でも、ロックの担当になれる可能性なんてほとんどないよ。アイドルやアニソン、演歌の担当になって、やっていける?」

「……」

「しかも、業界の将来は決して明るいとはいえない。晃彦も知ってるよね？　かつてはレコードだったのが、ＣＤになり、いまやネット配信だ。音源だけの収入でやっていける時代じゃないよ。アンタ、さっき、安定して食べていきたいって言ったよね？　矛盾してんじゃない？」

「……」

ボクは何ひとつ答えられなかった。まさにメッタ打ちだった。

ジミーさんは、タバコを灰皿で消しながら言った。

「アンタ、何も考えてないでしょ？」

「……はい」

「要するにさ、**アンタの〝したいこと〟って単なる憧れなの**。もっと言えば、**妄想なのよ**。誰も、アンタの妄想になんか付き合っちゃくれないよ」

「……」

「もっとマジメに考えなよ。晃彦は、な・に・が・し・た・い・の？」

「……わかりません。本当わかんないんです……」

ボクは正直に白状した。

そして、「またイジメられるかも」と身構えた。

しかし、ジミーさんはニッコリ笑った。そして、こう言った。

「それよ！　それ！　その答えを待っていたのよ。はっきり言って、〝やりたいこと〟なんて、21歳のガキに簡単にわかるもんじゃない。もう40歳になろうかってアタシですらそうだよ。この店のことは心から大切に思っているけど、〝これが本当に自分のやりたいことかなぁ？〟って思うこともある。そんなもんだよ。よっぽどの天才でもない限り、**〝やりたいこと〟なんてそう簡単には見つかんない**。ましてや、それが自分に向いているかどうかなんてわかんないよ。**〝天職〟なんてことを語るのは、ジジィ、ババァになってからでいいのよ**」

「でも、さっきジミーさんは、〝これがやりたい〟って意欲がなければダメだって言ったじゃないですか？　いったい、どうすればいいんですか？」

「ちょっと、待ちな。慌てないで……」

そう言うと、ジミーさんはチョコンとイスから飛び降りた。そして、カウンターのなかに入ると、新しいグラスにビールを注ぎ始めた。ジミーさんの注ぐビールは美しい。その技を見つめていると、こう尋ねてきた。

「晃彦は、今の自分に満足してる？」

ま、まんぞく？

してるわけないじゃないか……。

ボクは、大きくかぶりを振った。

「いえ、ぜんぜん満足なんてしてません」

「そうなんだ……。どこに満足してないの？」

「だって、こう〝グッとくる〟というか、熱くなるようなものが何もないからです。ボクは、もっと〝何か〟に打ち込むような生き方がしたいんです」

「へぇ、晃彦はいっつもボンヤリしてるようにみえたけど、そんなこと考えてたんだね。でも、その気持ちがあれば大丈夫。いつか、きっと〝何か〟に出会えるよ。アタシもそう信じて生きてるんだ」

そう言いながら、ジミーさんはキレイな泡がコンモリとのったビールグラスをボクの前に置いてくれた。そして、こう続けた。

「ただし、ひとつ条件がある。何だと思う？」

「……」

「アハハハ。ゴメンゴメン。そりゃ、答えられないよね。わかんないから、悩んでるんだもんね。でもね、とっても簡単なことなんだよ」

「な、なんですか？」

「前に進む、ってこと。具体的に行動することだね。これが条件だよ。行動しないから、さっきの晃彦みたいに〝妄想〟のオリのなかに閉じ込められちゃうの。もちろん、行動すれば現実にぶつかる。そして、現実は厳しい。ライバルはたくさんいるし、アンタの能力では通用しないこともあるだろう。だけど、そんな経験を重ねながら、自分に期待されていることがわかるようになり、できることも増えてくる。そして、晃彦なりの〝やりたいこと〟が少しずつみえてくるんだ。傷つくことのほうが多いかもしれないけど、それ以外に〝グッとくる人生〟を手にする方法はない。これは断言できるね」

「行動、ですか？」

「そう。とにかく、動かないとダメ。そして、今、晃彦はその最高のタイミングにいるわけ」

「最高のタイミング？　ボクがですか？」

「まったくニブいねぇ……。就活だよ、就活。**就活ってのは、自分が打ち込める〝何か〟を探すいいキッカケなんだよ**。自分に何ができるか？　どんな仕事がしたいか？　どんなふうに生きたいか？　そんなことを真剣に考えながら、現実にぶつかる。まぁ、必ずしも思うようにはいかないけど、それは〝やりたいこと〟に近づく大切な一歩なんだ。だから、内定なんてちっぽけなものを目標にしてたらダメなの。わ・か・る?」

ジミーさんは、「わ・か・る?」の「る?」のところでウィンクをした。

き、気持ち悪い……。

思わず目をそらしたボクだったが、一方で、ジミーさんの言わんとすることが、少しわかったような気がした。そして、ひょっとしたら就活って面白いモノかもしれないという気がしてきた。

「ちょっとは、わかったみたいね。じゃ、ほら、乾杯よ、乾杯!」

「な、なににですか?」

「決まってるじゃない、晃彦の就活の門出を祝うのよ」

そう言うと、ジミーさんは満面の笑みで「カンパ〜イ!」とグラスを差し出した。

ジミーさんの教え②

「やりたいことがわからない?　だったら、とにかく前に進め!」

第2章 だけど、僕には自信がない。

【大学3年6月〜8月】

→ インターン応募

→ グループディスカッション

→ エントリーシート

ジミーさんって何者？

翌朝、ボクはヒドい二日酔《ふつかよ》いだった。

軽い吐き気と頭痛でフラフラになりながら、1限の授業に出席するべくアパートを出た。

下北沢駅で電車に乗ると、倒れこむように座席に座った。

そして、ボンヤリした頭で昨日のことを思い返した。

「内定をゴールにしたら、就活は失敗する」

「とにかく前に進む」

ジミーさんは、こうボクに教えてくれた。なんか、スゴく大切なことを教えてもらった気がする。

だけど、乾杯した後はムチャクチャだった。「今日はブリティッシュ・ロックよ！」と叫ぶと、お店にあるCDでDJを始めたんだ。ローリング・ストーンズ、ザ・フー、ザ・キンクス……。次々と大音量でCDをかけながら、お酒をガンガン飲まされた。ご機嫌になったジミーさんは、お尻をクイックイッと振りながら踊りまくっていた。そして、「晃彦も踊んなよ！　ほら、こうやってお尻を振って！　もっと、**楽しく生きなきゃ、就活なんて乗り切れないわよ！**」と叫んでいた。

ああなったら、誰もジミーさんを止められない。

おかげでこのザマだ。

まったく、ジミーさんって、まともな人なんだか、どうなんだかわかんないよ。

あっ、そういえば……。

ボクはそのとき、ふと、別れ際にジミーさんが言ったことを思い出した。

「晃彦さえその気なら、アンタの就活アドバイザーになってあげてもいいよ。こうみえて、アタシ、このお店を始める前に博通エージェンシーで新卒採用を担当してたんだ。就活のウラもオモテも知ってる。なんでも教えてあげるよ」

まさか……。

博通エージェンシーといえば、最大手広告代理店じゃないか。そこで、新卒採用？　あのジミーさんが？

にわかに信じられなかった。

そうだ。

ボクはｉＰｈｏｎｅを取り出した。そして、グーグルの検索ボックスに「木下正夫　博通エージェンシー」と打ち込んだ。

何件もの検索結果が表示された。驚いたことに、そこにはこんな記事が並んでいた。

「２００１年テレビ広告大賞受賞者　博通エージェンシー・木下正夫氏」

「新進気鋭のコピーライター・木下正夫氏に聞く　効くＣＭのツボ！」

記事を開くと肖像写真が掲載されていた。それは、たしかにジミーさん、いや木下正夫さんだった。もちろん、アフロヘアじゃなかったけど。

ということは、ジミーさんが元博通エージェンシーの社員で、コピーライターだったことは間違いない。しかも、立派な賞までとっている。しかし、なぜ、新卒採用担当なんだ？　謎が謎を呼ぶとは、このことか？

いずれにせよ、ジミーさんは〝ただ者〟ではない。

博通エージェンシーの木下です

いや、実は〝スゴい人〟なんじゃないか？

だけど、だけどさ……。なんで、今はアフロなんだ？　そして、なんで、お尻を振って踊るんだ？

ボクは、ジミーさんという人が、もっとわからなくなってしまった。

インターンに応募してみる

授業にはギリギリ間に合った。

そして、睡魔と戦いながら、なんとか授業をやり過ごしたボクは、大学のキャリアセンターに向かった。

「とにかく前に進む」

ジミーさんの言葉が気になっていたからだ。それで、「今できることは何だ？」と考えた結果、キャリアセンターに行くことにしたのだ。これだって、行動には違いない。

キャリアセンターに入ると、そこには何人かの学生がいた。スタッフに何やら相談している人もいれば、資料を読み込んでいる人もいる。「何やればいいんだ?」。突っ立っていると、視界のはじに掲示板が見えた。なんとなく近寄ってみると、そこにはこんな貼り紙があった。

「インターンシップ募集中!」[*1・2・3]

インターンシップかぁ……。そういえば、先日の就職ガイダンスでも紹介されていた。キャリアセンター長も、「興味があるならやったほうがいい」と言っていたような気がする。

掲示板には、数多くの「募集要項」が貼り出されていた。大学が企業と提携しているインターンシップもあれば、企業が公募しているものもあった。「へぇ、いろんなものがあるんだな」。なんとなく興味をそそられた。

「応募してみようか」

ボクは、気になった企業の募集要項を何枚かカバンにしまいこんだ。

その夜——。

部屋に帰ったボクは、パソコンを立ち上げて「就職ナビサイト」[*4]にアクセスした。インターン情報をもっと調べてみることにしたのだ。

＊1 インターンシップ
文部科学省の定義では「学生が在学中、企業等において自らの専攻やキャリアに関連した就業体験を行うこと」。大学では、「主体的な職業選択や社会参画意識の育成を目的とする就業体験制度」として捉えられている。主に大学3年生か修士1年が行うが、最近では日本経団連の倫理憲章改訂により選考目的のものはNGとなったため、1年生から参加可能なものも増えている。

＊2 インターンシップの参加率
リクルートの「就職活動実態調査」(2011年3月卒大学生・大学院生)によると、インターンシップの参加者は40・5%。インターンシップが広がり始めたのは2000年頃から。社会、企業とのミスマッチを解消するために職業体験を推奨する大学の動き、優

「インターンって、こんなにたくさんの企業がやってるんだ……」

その数に正直、驚いた。と同時に、戸惑った。どうやって選んだらいいのか、見当もつかなかったのだ。

就職ガイダンスでは、「大手企業だけではなく、中堅・中小企業にも目を向けるように」と指導していた。だから、意識して「聞いたこともない企業」の情報にも目を通してみた。だけど、どうしても親近感がわかなかった。

結局、ボクは、超有名企業5社をピックアップした。広告代理店、テレビ局、食品メーカー、玩具メーカー、ウェブ系企業。ほとんど、当てずっぽうだった。締め切りが迫っているのは、ウェブ系企業。しかも、エントリーもいちばん簡単そうだった。そこで、ボクはさっそく、「インターンシップにかける決意」を適当に打ち込んで送信ボタンを押した。

なんだか、ドキドキした。

そして、なんとなく達成感があった。

だって、ボクは、とにかく一歩を踏み出したんだから……。

そうだ！　ジミーさんに報告しよう！

そう思ったボクはｉＰｈｏｎｅを取り出して、ジミーさんに電話をかけた。

秀層を早期から囲い込む企業の動きなどが後押しした。

＊3　インターンシップの種類

主にＯＪＴ型（正社員のもとで日常業務を体験する）、プログラム型（インターンシップ専門のプログラム）、広報型（会社見学など通じて企業を理解してもらいイメージアップにつなげる）にわけられる。中には長期間、内定をちらつかせつつ安い時給で労働力として活用するものもあり、就活搾取、やりがい搾取ではないかとの指摘もある。

＊4　就職ナビサイト

求人情報を検索、閲覧し、応募などを行えるサイト。ナビサイトが雇用のミスマッチの一因となっているとの指摘もある。ナビサイトにより応募が殺到。それに対応するために選考プロセスが肥大化、煩雑化しているためだ。

「あら、晃彦、どうしたの?」

「あ、あの、昨日はありがとうございました。とりあえず、1社ですけどインターンシップに応募してみたんです」

「へぇ、やるじゃん。行動が早いって、とっても大事なことだよ。成長したかったら、教えられたことはすぐヤル。これ、スゴく大切だから、忘れちゃダメだよ」**グズグズしてるヤツはダメ**。教える気がなくなっちゃうからね。

「は、はい!」

やっぱり褒められると嬉しい。ひとりでニンマリしていると、ジミーさんが聞いてきた。

「じゃ、決まりだね?」

「え、何がですか?」

「何が、って、何よ? アタシに就活アドバイザーになってほしいんでしょ?」

「は、はぁ……」

「煮え切らないヤツだねぇ。やめとくの?」

「い、いえ。ぜ、ぜひ、お願いします!」

「あら、そう? 仕方ないわね。じゃ、たっぷり教えてあ・げ・る♡」

その強引さと、気持ち悪さにめまいがしそうだった。

ジミーさんの教え③

「教えられたことは、すぐヤル！」

「意識の高い学生」あらわる！

2週間後——。

ボクは外苑前駅に降り立った。東京に出てきて3年目だが、この界隈にやってくるのははじめてだった。なんか、いつも吸ってる空気と違う気がした。

そして、インターンシップに応募したウェブ系企業「ネットリンク27」に向かった。10日ほど前に、「インターン生選考のためにご来社ください。当日はグループディスカッションを行います」という返信があったのだ。たったそれだけのことなのに少し嬉しかった。「こんなボクでも、相手にしてもらえた」。そんな気がしたんだ。

iPhoneのマップ機能[*5]を頼りに、オフィスビルにたどり着いた。いかにもウェブ系企業らしい未来感漂うエントランスに、ボクは早くも緊張した。

自動ドアをくぐってホールに入り、エレベータのボタンを押した。すると、後ろから追いついたスーツを着た人がそばに並んで立った。チラッと見ると、どう見ても学生だ。イヤな予感がした。だって、ボクはいつもどおりの格好だったからだ。ネットリンク27からのメールには、「**自由な服装でお越しください**[*6]」と書いてあった。なのに、なんでコイツはスーツ着てるんだ？

もしかして……。ボクは不安になりながら、7階でエレベータを下りた。出迎えの社員の女性が「こちらへどうぞ」というのに従って、広い会議室のなかに入った。そして、愕然《がくぜん》とした。25人ほどいただろうか。そこに集まっていた学生の8割くらいが、スーツを着ていたのだ。一瞬、「帰ろう」と思った。だけど、社員の女性が「こちらにおかけください」と微笑みかけてくるから、座らないわけにはいかなかった。

学生たちはテーブルごとに5人一組でグルーピングされていた。それぞれの席には、名前のみがプリントされた名札が置かれている。そのグループでボクは最後の参加者だった。

＊5　地図は印刷する
携帯の地図はわかりにくいことも。スマホならGPS機能でのナビも可能だが、必ずしも位置情報が正確になるとは限らない。そのため、思わぬ遅刻も。地図は印刷しておこう。

＊6　就活の服装
企業は「服装自由」を打ち出し、最近では「クールビズもOK」という方針まで伝えているものの、実際は学生の側が遠慮してリクルートスーツで行くケースが多数。就職関連の掲示板では、「明日のセミナーでの格好」について激論がかわされていることも。

「こ、こんにちは、よろしくお願いします」

と挨拶をして席についた。４人の学生は、会話を中断して目礼で答えた。

明らかに場違いだった。全員がビシッとしたスーツを着ているのはもちろん、明らかに目の輝きが違った。ボクは、まともに彼らの目も見られないありさまだった。そして、動悸《どうき》だけが激しくなっていた。

うつむいていると、隣の学生が話しかけてきた。

「どんなところを受けようと思ってるの？　オレは大学1年の頃から総合商社一本なんだけど」

やばい。レベルが違う。総合商社って、住山商事とかだっけ？　こんな知識で太刀打《たちう》ちできるのか？

慌てたボクは、しどろもどろになりながら答えた。

「い、いや……、今、いろいろと模索中で……」

彼は、「そうなんだぁ」と言ったが、その言い方には鼻であしらうような感じがあった。

そして、彼はこう皆に呼びかけた。

「よかったら、それぞれ自己紹介しませんか？」

「いいですね！」

ボク以外の全員が声を揃えた。

「じゃ、言いだしっぺのボクから。慶光大学法学部の金田裕也です。ゼミは商法を選択しました。特に関心があるのがネット取引に関する法規制のあり方です。サークルはマーケティング研究会に所属しており、何社かのネット企業からリサーチの仕事も請け負っています。今日は、よろしくお願いします」

スゴすぎる……。残りの3人も、ボクよりもずっと有名な大学の学生だった。そして、大学生活も充実しているようで、「リア充」[*7]なオーラが漂っていた。

時計回りだったから、順番はボクがいちばん後だった。ひとり終わるごとに〝処刑〟が近づいてくるような気分だった。

「じゃ、最後は、斉藤さんですね」

「は、はい。あの……、斉藤晃彦です。ゼミは社会学を選択しました」

ここまで言って、後の言葉が続かなかった。5秒、10秒と沈黙が続いた。耐えられなくなったボクは、冷や汗を垂らしながら、「よ、よろしくお願いします」と締めくくった。

「あれ、大学はどちらですか？」

＊7 リア充
ネットスラングで、「リアルが充実した人」を指す。リア充層と非リア充層との断層は、分かり合えないレベルにまで達していることも。ネット上では「リア充爆発しろ」などの書き込みも散見される。ただ、恋愛をしている、BBQをする、サークルの幹部をしているなどはリア充の象徴と言われるが、実際は大学生活に悩みがあることも。

＊8 学歴コンプレックス
大学職員から「ウチの学生は、大学名を言うのを恥ずかしがるのですよ」という声をよく聞く。最近では名門校でも新設学部の学生は、学部コンプレックスを持ちがち。

驚いたような声で、金田が聞いてきた。

言いたくない……[*8]。そう思った。だけど、全員がボクを見つめている。観念したボクは、「日東大学です」と小さな声で言った。

その瞬間、その場に〝安心〟したような空気が流れた。

ボクは、黙って座った。すると、4人で会話が始まった。

「夏休み、ここのインターン以外にどうするの？」

「やっぱり、ボランティアは行っといたほうが就活に有利だと思うから、被災地に入ろうかと思ってる」

「被災地ボランティアだったら、学生団体知ってるよ。紹介しようか？　その団体をバックアップしているベンチャー社長が有名だからハクもつくし」

「いいっすね。ぜひ、お願いしたいです」

そして、驚いたことに学生のくせに[*9]名刺交換[*10]を始めた。

ボクは、完全に蚊帳の外だった。

そして、彼らの言っていることがよく理解できなかった。

「就活のためにボランティア？」

「そんなの、被災地の人に失礼なんじゃないか？」

＊9　意識の高い学生
学生生活、特に就活に前のめりで臨む学生。学生団体などの幹部に多い。一生懸命なのは評価されるべきことではあるが、他の学生を見下す姿勢、何かにつけ自己PRする様子、名刺を持つ、ソーシャルメディアでのリンク数を自慢する、ソーシャルメディアで意識して名言をつぶやきまくるなどの言動などから、いつの間にか「頑張りすぎて滑稽な学生」「前のめりすぎてウザい学生」を揶揄する言葉に。

＊10　就活と名刺
名刺を持っているのは「意識の高い学生」の象徴と言われているが……、たしかに持っていると何かと便利。OB・OG訪問した社会人や、就活仲間との連絡先交換に便利。所属団体名や、各種IDなどやたらと盛り込む者もいるが、シンプルなものでも十分。

だけど、それを口にすることもできず、あいまいに微笑みながら相槌を打つしかなかった。

グループディスカッションの悲劇

そこへ、20代後半くらいの男性社員がやってきた。

「お待たせしました。今日は、お集まり頂き、ありがとうございます」

そう挨拶をすると、一枚のペーパーを全員に配った。そこには、「グループディスカッションのテーマ[*11]：グローバル化時代に活躍できる人材[*12]を育成する方法」と印刷されていた。見た瞬間に目の前が真っ暗になった。何ひとつ、話すことが思いつかなかったのだ。

ペーパーが行き渡ったのを確認した男性社員はこう続けた。

「では、グループディスカッション[*13]を行います。テーマはごらんのとおりです。始める前に役割を決めてください」

「司会をやります！」。すぐに反応したのは金田だった。これを皮切りに、次々

＊11　グループディスカッションのテーマ
　まさに「就活」をテーマにしたものや、職業観に関するもの、商品・サービスの拡販企画、社会問題に関するもの、業界・企業の将来を問うものなど多岐にわたる。中には、資料を読ませた上で議論するケースディスカッション形式も。意見の対立が生じそうなもの、答えのない質問などが設定されることも多い。

＊12　グローバル人材育成
　就職難といいつつも、グローバルに活躍できそうな人材は大手企業を中心に喉から手が出るほど欲しい存在。彼らを育成するために、海外での研修プログラムなどを設置する動きや、20代のうちに海外勤務をさせる動きなども。

＊13　グループディスカッションのコツ
〝相手を蹴落とす〟ことを

と役割が決まった。ボクは、それを傍観《ぼうかん》しているだけだった。

「それでは、時間は30分。金田さんよろしくお願いします」

そう男性社員が言うと、金田が仕切り始めた。

「では、まず、望月さんからご意見いただけますか？」

「はい。私は社内のコア人材育成については、海外のビジネススクールとの戦略的提携を行うべきだと考えています。企業の留学制度はこの10年間は縮小傾向でしたが、最近では形式を変えて復活中です。四井物産では、アメリカの名門ビジネススクールと提携した人材育成を始めましたし、朋友商事でもスイスの名門大学院と提携した人材育成プログラムが始まっています」

議論は一気に白熱した。

「企業の取り組みも大事ですが、大学の国際化こそ求められていると思います。一部の大学が打ち出しているように、大学時代に留学か海外インターンを必修にする、在校生の15％を留学生にする、国際化に対応した秋入学に移行するなどの取り組みは、今後さらに広げる必要があるのではないでしょうか」

「留学生の採用を強化するべきなのは間違いないです。しかし、問題は、日本企業が彼らにとって魅力的かどうかです。留学先としての日本の優先度は劇的

考えず、議論のゴールを考えること。みんなでその選考を通過するぞと考えてみる。

「司会をやると有利なのでは？」という都市伝説もあるが、普段の自分の役割を全うするのが一番よいかも。

そして、場の空気を読みつつも、空気に流されないように。例えば、明らかにメリットのない意見、妥協でしかない意見に流されそうなときには要注意。何より、自分はどう思うのか、その根拠は何かを明確にして主張することが大事。

普段から時間を決めて成果を出す会議運営を心がけると練習になる。

に低下しているとの声があります」

学生たちは、各国のグローバルエリートの養成状況や、各社の海外進出状況、グローバル人材の採用などについて熱く語り続けた。なかには、自分が帰国子女で海外経験があることや、TOIECが900点以上であることを**さりげなくアピールするヤツ**もいた。

男性社員は、ときおりノートに何かをメモしながら、議論に聞き入っていた。

もちろん、ボクは一言も口をはさむことができなかった。

いや、話されている内容すらほとんど理解できなかったのだ。

「斉藤さんはどう思いますか?」

金田がボクに、こう投げかけてきた。

何か、言わなきゃ……。焦ったボクは、こう口走った。

「英語を頑張ることです。TOEIC900点は当然だと思います……」

何を言ってるんだオレ……。TOEICなんて受けたこともないくせに。受験英語すら苦手だったくせに。だけど、何か言わなければならなかったんだ。

ボクは心のなかで弁解していた。

シーン……。

誰も、何も言わなかった。

そして、ボクの発言は見事にスルーされた。そして、何もなかったように議論は再開された。そりゃそうだ。意見のレベルが低すぎる。

屈辱だった。歯を食いしばるしかなかった。もう、消えてしまいたかった。

そして、そのままディスカッションは終了した。わずか30分が、まるで3時間くらいに感じた。

会議室を出ると、メンバーは「お疲れさま〜。いや〜、緊張したね〜」とねぎらい合っていた。ボクは、ちょっと離れた場所に突っ立っていた。

しばらくすると、金田がこう言い出した。

「よかったら、情報交換もかねて飲みに行かない？」*14

「いいね！」

盛り上がるなか、ボクはひとり黙っていた。

「斉藤君はどうする？」

「オマエはどうせ来ないいんだろ？」といわんばかりに金田が尋ねてきた。

「い、いや、ちょっと予定があるんで。また、今度！　じゃ！」

そう言って、ボクはその場から逃げ出した。

＊14　他大生との交流
セミナーなどで出会う他大生は、自分の大学で周りにいる仲間とは違う情報を持っているし、行動パターンなども違う。また、他に受けている企業が似ていることも。他大生に話しかける勇気はぜひ持ちたい。ただ、中には就活大好き君でやたらと連絡をしてきて「うざい」と感じる人も……。もちろん、「リクラブ」に発展することも。

エレベータに乗ってドアが閉まると、全身から力が抜けるのを感じた。

外は夕闇に包まれていた。

ボクは、外苑前駅に向かって茫然《ぼうぜん》と歩き続けた。まるで、ボロ雑巾になったような気分だった。自分という存在が忌々しかった。

就活って、あんな連中と戦わなければいけないのか？

ああいうふうにならないといけないのか？

仮に内定をもらえたとしても、その先もずっとアイツらと競い合っていかないといけないのか？

それは、あまりにも過酷なことに思えた。

早く部屋に帰って、

とにかく眠りたかった。

何もかも忘れてしまいたかった。

自虐の無限ループを抜け出せ！

鍵を開けて、真っ暗な部屋に入った。

電気もつけないまま、ベッドに倒れこんだ。

そして、泣いた。

オレ、バカじゃん。能なしの、カス野郎じゃん。何の価値もない、負け犬じゃん。インターン受けるなんて、百年早いんだよ……。

自虐の無限ループ。底なしの自己嫌悪。ボクはひたすら自分を責め続けていた。

だけど、どこかで心地よさも感じていた。今ボクは、厳しい〝外の世界〟から離れて、ひとりでベッドに横たわっている。それは、居心地のいい場所だった。できることなら、ずっとこうしていたい。そんな気もしたんだ。

長い時間、ボクはじっとしていた。

そして、ふと思った。

そういえば、あのときもそうだった。

ボーカルのヤツがギターをもってきた日。ボクはバンドの練習が終わると、「予定があるから」とさっさと逃げ出した。そして、今日と同じようにベッドにもぐりこんだんだ。その後、ウソをついてバンドの練習をサボるようになり、結局、サークルも辞めた。高校時代、あんなにバンドに憧れていたのに……。

そのとき、ハッと気づいた。

オレ、同じところをグルグル回ってるだけなんじゃないか？　ツライことがあったら逃げ出して、部屋に閉じこもる。その繰り返しじゃないか。それで、どうなる？　サークルを辞めたように、就活も辞めちゃうのか？

「とにかく前へ進む」

ジミーさんの言葉が蘇った。そうだ。このベッドから抜け出さなきゃダメだ。

“外の世界”と戦わなきゃ。

でも……、ボクには戦う武器がない。

今日出会った金田たちの自信あふれる表情が脳裏に浮かんだ。再び屈辱感がこみ上げてきた。そして、足がすくむような気がした。どうしたらいいんだ？どうやったら、ボクは前に進むことができるんだ？　答えを探したが、もちろん見つからなかった。

そうだ、ジミーさんに会いにいこう。

時計を見た。23時30分。もうすぐ閉店時間だ。ボクは反射的に起き上がって、アパートを飛び出した。そして、SMOKEに向かった。


表の看板の光は消えていた。

もうお客さんは帰ったようだった。店の窓からジミーさんがカウンターでタバコを吸っている後ろ姿が見えた。その姿を見るだけで、なんだかホッとした。

店に入ると、ジミーさんはちょっと驚いたようだったが、すぐに笑顔になると「どうしたの？　こんな時間に」と言いながらカウンターの席をすすめてくれた。そして、「コーヒーでも入れようか？」とイスから飛び降りた。

ボクは、「すみません、こんな時間に来ちゃって……」と詫びた。

「いいんだよ、気にすることない。それより、話したいことあるんでしょ？」

ボクは、その日の出来事を洗いざらい話そうとして、一瞬、躊躇《ちゅうちょ》した。だって、こんな恥ずかしいことを誰かに話すのは、これまでの人生ではじめてのことだったからだ。

ジミーさんはタバコに火をつけながら、「どうしたの？」という表情でボクの顔を覗き込んだ。その表情に促されるように、ボクは思い切って話し始めた。

傷ついて、自分の実力を知る

ずいぶんと長く話し込んだ。インターン選考会場での屈辱的経験、金田をはじめとする自信たっぷりな学生たちへの劣等感、そして、どうやったら前に進めるのかわからないこと……。思えば、こんなに長く誰かに話したことってなかったかもしれない。そして、ただそれだけで、**気持ちが楽になったような気がした。**

その間、ジミーさんは、ときどき相槌《あいづち》を打ちながらじっと耳を傾けてくれた。そして、すべて話し終えたとき、ジミーさんは何本目かのタバコを消しながらこう言った。

「今日、そこに行って、よかったんじゃない？　アタシはそう思うね」

思いがけない言葉だった。

「そ、そうですか？」

「うん、そうだよ。厳しいことを言うようだけど、それが晃彦の今の実力なんだ。インターンには〝意識の高い学生〟がたくさん応募するから、晃彦にはちょっとキツかったかもしれない。でも、**自分の実力を知ることができたっていうのは大きな収穫**だよ」

けなされてるのか、励まされてるのか、よくわからない。

すると、ジミーさんは、「もういっぱい飲む？」とコーヒーをボクのカップに注ぎながら、こう続けた。

「断言するけどね、これからの就活、そんな経験ばっかりだよ。免疫つけとかないと、長い就活なんて戦えない。っていうか、社会に出たらそんなことの連続だよ。アタシも、若い頃はさんざんそんな経験をしたもんだ」

「え、ジミーさんもですか？」

ボクは驚いた。だって、ジミーさんは、あんなに立派な賞をとったコピーライターだったというのに……。

「アタシさ、昔、博通エージェンシーで新卒採用担当だったって言ったじゃない？　実は、その前は同じ会社でコピーライターをやってたんだ。

ところが、入社してすぐについた先輩が厳しくってさ。アタシが徹夜して書いたコピーを、みんなの前で〝つまんねぇ〟とか言って酷評するんだよね。でも、ほかの人のコピーと比べると、たしかにつまんないのよ。自分の実力を思い知らされるわけ。そりゃ、傷ついたよ。

それで、先輩は〝明日までに100本書いてこい〟とか言って、やり直しを命じる。しょうがないから、また徹夜して書いてもっていく。また、酷評される。そんなことの繰り返しだった」

「き、きびしいんですね……」

「まぁ、当たり前だけどね。**プロになるってのはきびしいものなんだ**。それにくじけて、辞めていった同期もいたよ。でも、アタシはとにかく続けた。だって、くやしいじゃない？　どうしたら認められるだろうって、あれこれ工夫したよ。そうやってなんとかやってるうちに、気がついたら、それなりにコピーが書けるようになっていた。ほんとに、気がついたら、って感じだったね」

「そ、そうなんですね」

「まぁ、今はこんなふうにしてるけど、アタシもそれなりに苦労したってことよ。

でもね、どんな仕事でも、多かれ少なかれそんなもんだよ。就活だって同じ。

自分の力のなさを思い知らされて、傷つく。だけど、だからこそ、自分に何が足りないのかと考える。そして、**足りないものを埋めるために努力をする**。それしか、人が成長する方法ってないんじゃないかな」

「自分に足りないもの、ですか……」

「そう。それに気づかせてもらうってのは、ありがたいことなんだよ。だから、今じゃ、あの厳しかった先輩に感謝してる。あの人がいたからアタシは成長できたんだって。そういう意味じゃ、晃彦も、今日、一緒になった学生さんたちに感謝したっていいくらいだよ」

　アイツらに感謝？　で、できないよ……。

　黙ってるボクを見て、ジミーさんは笑った。

「アハハハ。まぁ、感謝するのは、晃彦が成長した後でいいけどね。それより、今、大切なのは、晃彦に何が足りないのかをはっきりさせることだね。そして、足りないものをひとつずつ埋めていくんだ。それが、前に進むってこと。わかる？」

「は、はい」

「そして、前に進み続けていれば、晃彦は必ず成長できる」

そう言い切られると、なぜか元気が出てくるような気がした。やっぱり、ジミーさんに会いにきてよかった……。そう、しみじみと思った。

「いい？　就活も、仕事も、人生も、傷つくことだらけだよ。恥もいっぱいかく。そのときは誰だってツライさ。泣きたければ泣いたらいい。だけど、忘れないで。ツライ思いをするからこそ、アタシたちは成長できるってことを」

そう言うと、ジミーさんは微笑みながらこう言った。

「ほら、明日も学校あるんだろ？　今日は、もう帰って、ゆっくりお休み。そして、明日からもう一回頑張ろう。いいね？」

こうして、ボクはジミーさんに見送られてＳＭＯＫＥを後にしたのだった。

ジミーさんの教え④

「自分を直視して、〝足りないもの〟をはっきりさせる！」

ボクは、ウソをついた

翌週——。

ネットリンク27からメールが届いた。

もちろん、不合格。予想どおりだったとはいえ、やっぱりヘコんだ。なにせ、初戦での大敗だ。ハシにもボウにもかからなかったのだ。しかも、他のインターンシップ先は選考にさえ呼ばれなかった。すべて門前払い。「実力」を否応なく思い知らされていた。

そして、インターンシップの持ちゴマは、残すは1社だけとなっていた。テレビ帝京である。ところが、この会社のエントリーシート[*15]は、これまでの会社のものとは質量ともにまったく違っていた。いくつもの質問にそれぞれ数百字で答えなければならなかったのだ。それで、後まわしにしていた。しかし、その締め切りも目前に迫っていた。

いっそのこと、投げ出してしまおうかとも思った。

でも、それもくやしかった。「敵前逃亡」のような気がしたからだ。そして、エントリーシートの空欄を埋めるべく、パソコンの前で粘っていた。

しかし、どうしても書けない項目があった。

「あなたの学生時代の〝挑戦〟について、教えてください」

＊15　エントリーシートの設問

定番は自己PR、学生時代に力を入れたこと、志望動機など。商品企画、マーケティングプランを書かせることも。最近では、エントリーシートの難問化、肥大化による学生の負荷が指摘されることも。エントリーシートの共通化を推進する動きもあるが、同じような設問でも、人事が確認したい「力」の違いなどがあり、悩ましいところ。

インターンシップは行ったほうがいい？

「インターンシップに行くべきでしょうか？」

みんな、きっとこんなことで悩んでるんじゃない？

まぁ、はっきり言うと、行きたいなら行けばいいんじゃない？　で、迷っているなら、行った方がいいんじゃない？　そんな感じね。

そもそも、インターンシップには「どうなのよ？」というのがいっぱいある。

たとえば、「プロジェクト形式で新規事業を考えます」とか「課題解決プロジェクトをやります」とか面白そうなインターンをやる会社もあるけど、入社してからやる仕事は普通に営業だったりするわけじゃない？　これじゃ、**「仕事体験」じゃなくて「仕事ごっこ」**みたいなもんだよ。なかには、「あの会社、インターンシップだけがウリらしいよ……」なんて学生に囁かれてる会社もあるから、気をつけてね。

とはいえ、それでも行くメリットは、たしかにあるわよね。

まず何よりも、**「企業や社会人との接点がある」**という点で意味があるわね。普通の学生は、実際の職場や、社会人の生活がイメージできないまま就活をむかえて、憧れだけで企業選びをしたりしがち。だから、内側から企業を見る体験は貴重。就職ナビや、パンフレットに書かれていることが、より具体的に理解できるからね。

それから、少なくともインターン先の企業のことは詳しくなるから、その後の就活で、「あの企業と比べてどうだろう?」という視点で企業を見ることができるようになるのもメリット。何事も、「比較」することで「実体」がよく見えてくるものだからね。

それに、そこの社員さんと仲良くなって、就活の相談にのってもらえることもあるし、就活仲間を増やすこともできる。こうした人的ネットワークは、就活の情報源になったり、心の支えになったり、みんなの就活を力強くバックアップしてくれるから、とっても大切。だから、たとえ「仕事ごっこ」しかできないインターンシップであったとしても、こうした仲間を増やせるチャンスとして意味があるといえるかもしれないわね。

ただ、どうせ行くなら**受け身で参加しちゃダメ**ね。とにかく、自分にできることは何だろうかって、主体的に動かなきゃ。指示待ちはダメ、ゼッタイ。そんなことじゃ、インターン先の会社から評価してもらうことはできないし、何よりもあなた自身が成長できない。

要するに、大切なのは主体性。これに尽きるってことよ。

この質問を前にボクは一字も書けなくなってしまったのだ。

ボクはずっと考えていた。

「自分に足りないものは何か?」

まず、学歴だ。一流大学に通う金田たちとは、絶対的な〝差〟がある。

そして、**大学時代に何も誇れるような経験がない**こと。ただ、義務的に授業に出て、SMOKEでバイトをしてきただけ。ボランティアもやったことがなければ、海外旅行をしたこともない。特に、ボクを追いつめるのが、「挑戦」という言葉だった。バンドでの挫折が、ボクを容赦《ようしゃ》なく責めたてるからだ。

そう、「挑戦」こそ、ボクに足りないものなんだ。

「この質問には答えられない……」

ボクは、パソコンの前でうな垂れるばかりだった。

「このままじゃ、一歩も動けない」

ボクは、ネットを検索して、「就職情報掲示板」*16・17や就活生のブログなどを読み始めた。ご丁寧に、自分の「就活成功体験記」を書いている学生が何人もい

*16　就活情報掲示板
「みんなの就職活動日記(通称:みん就)」などが有名。また、2ちゃんねるの就職板などもある。最近では、Twitter、Facebookなども登場し、情報共有の手段と目的は多様化している。匿名のものも含めて、情報の信ぴょう

た。そこには、「リア充」な「学生時代の経験」も掲載されていた。ボクはそれらを読み込んだ。そして、「これは、スゴイ！」と思わされる体験談の特徴を探した。

いくつも見ていると共通した構造があることがわかった。いろんなパターンがあったが、そのほとんどが、「問題意識をもつ、何かをやると決める」→「目標と計画を設定する」→「自発的な行動」→「人を巻き込む」→「幹部に就任」→「困難を乗り越える」→「努力」→「成功体験」などから成り立っていたのだ。

なるほどな……。あとは、ボクに「経験」さえあればいいんだ。

どうすればいい？　ボクは考えた。

そして……「捏造」することにした。

もちろん、胸が痛んだ。だけど、エントリーシートでウソをついて通ったという人の噂は、ネット上にもたくさんあった。何も、オレだけがやってることじゃない。これしか、オレには方法がないんだ。そう、自分に言い聞かせた。

で、どうする？

そうだ、フットサルサークルを立ち上げたことにしたらどうだ？　いちおう、

性を確認するコツは、「誰が言っているのか」と、「何を根拠に言っているのか」ということ。特に就活ネタは、発信者の理解度などで大きく左右されるから要注意。

＊17　就活生のネット炎上事件

学生によるネット炎上事件が相次いでいる。特に就活生は「見られている」ことを意識したい。具体的には、ネット掲示板やソーシャルメディアでの不謹慎な発言、選考上の秘密をもらすことなどは避けた方が賢明だ。企業は社名や、時には個人名などのキーワードでネット上に検索をかけていることも。掲示板などもウォッチしているものと思った方がいい。

就活中もそうだが、内定後こそ気を付けたい。内定後のネット不祥事により、内定辞退を余儀なくされた例は枚挙に暇がない。

小中高とサッカーをやっていたし、大学入学直後にフットサルサークルのコンパに顔を出したこともある。なんとなく雰囲気はわかる。ゴマカシもきくだろう。

よし……。

意を決したボクは、パソコンに向かってでっち上げのストーリーを書き始めた。書くのにつまったら、ネットを検索して「リア充」学生のブログやツイッターを参考にした。ネットで発見した体験談をコピペして、文章とその構造を利用しながら作成していった。

3時間後――。

「できた……」

パクリにコピペ。まさに**ウソで塗り固めた〝偽物〟**だった。

書き出しはこうだ。

「私の学生時代の〝挑戦〟はフットサルサークルを立ち上げ、会長に就任し、人気サークルにするだけでなく、関東学生対抗トーナメント優勝まで導いたことです」

エピソードもふんだんに盛り込んだ。

「最初は5人での立ち上げでしたが、学内で昼休みに勧誘する、体験入会キャンペーンなどを仕掛けることによって、2か月で20人まで増やしました」

「部内で対立も起こりました。〝勝ち〟をめざす部員と〝楽しさ〟を求める部員の間で険悪な雰囲気が生まれたのです。しかし、私はサークル内のみんなと面談し、考えをすり合わせることで、〝関東で最強かつ最高のフットサルサークルをめざす〟という目標を全員で共有することに成功しました」

「創立2年にして、関東学生対抗トーナメントでベスト4まで進み、課題であるスタミナ不足を解消するべく、基礎トレーニングを強化。結果として、この春に関東学生対抗トーナメントで優勝しました」

そして、こんなふうに締めくくった。

「この挑戦で得られた力、経験を、インターンシップにおいても、その先にある社会人生活においても最大限に活かしていき、さらに大きな挑戦をしたいと思います」

「本当に、これでいいのか？」

心のなかの自分が問いかけたが、ボクはその声を必死で振り払おうとした。だって、こんなに苦労して書き上げたんだ。もう、これでいくしかないんだ……。

ボクは、重い腰を上げて立ち上がると、エントリーシートを丁寧に畳んで封筒に入れ、机のうえに置いた。

そして、ベッドに倒れこんで、ドロのように眠った。

ジミーさん、激怒する

iPhoneのアラームで目が覚めた。

起き上がってカーテンを開けた。窓からは朝日がみえた。しかし、なんだか気分がすぐれない。

机のうえに目をやった。そこには、テレビ帝京に送るべき封筒が置いてあった。思わず、ボクは目をそらした。なんか、汚らしいものに見えたんだ。

シャワーを浴びて、トーストをかじって、大学に行く準備をした。その間、机のうえの封筒がずっと気になっていた。締め切りは迫っている。早く出したほうがいい。でも……。ボクは、自問自答の末、判断を先送りすることにした。いちおう持っていくだけ持っていこう、と。宛名も書かず、封もしないままの封筒をカバンに突っ込んで、家を出た。


その日は、一日落ち着かなかった。

「早く投函してしまえ。なるようになるさ」

そんな声も聞こえたが、罪悪感と不安感からそれもできなかった。ただ何度も読み返しては溜め息をついた。そして、読めば読むほど気持ちは落ち込んだ。

気づけば夕方だった。

結局、投函することはできなかった。

そのことに、どこかホッとしていた。

そうだ、バイトに行かなくては……。

ボクは、電車で下北沢に向かった。

ボクが着いたときには、すでにＳＭＯＫＥにはお客さんがたくさん入っていた。

「おっ、晃彦！　今日も頼むよ！」

ジミーさんは、今日も元気いっぱいだった。ジミーさんには、悩みなんてないんだろうか？　ちょっと、まぶしく見えたくらいだ。

仕事は、忙しかった。何度も、厨房と客席を往復し、ときどき厨房に入って皿洗いをしたり、CDを入れ替えたり……。夢中で動き回っていた。

10時になると、お客さんが少し落ち着いたので、ボクは休憩をとった。更衣室のイスに座り、自分のカバンを引き寄せた。iPhoneを取り出して、着信を確認しようと思ったのだ。しかし、カバンを開けたとたん、イヤな気持ちになった。封筒が目に入ったのだ。

封筒を手にとってジッと見つめた。そして、エントリーシートを取り出した。そのときだった。ジミーさんが更衣室に顔を覗かせて、こうまくしたてた。

「晃彦！　悪いけど、すぐに出て。団体さんが入ったんだ。さ、急いで！」

慌てたボクは、エントリーシートをイスのうえに放り投げて、エプロンをつけるとホールに飛び出していった。

これが、騒動のもとになるとは思いもせずに……。

店を閉めて、カウンターで休んでいたときのことだ。

「何だ、これ？」

ジミーさんの大きな声が聞こえた。更衣室からだった。

そして、ジミーさんが更衣室から飛び出してきた。手に紙を握り締めていた。

ボクは、心臓が飛び出そうだった。

「あ、ああっ！　それ、ボクの！　勝手に見ないでください！」

ボクは慌ててジミーさんに駆け寄り、紙を奪い返そうとした。それを、ヒョイッとかわすと、「晃彦、テレビ帝京のインターンに応募するんだ〜。がんばってんジャン！」と言いながら、エントリーシートを読み始めた。

「や、やめてくださいよ！」

ボクは懇願した。

だけど、ジミーさんはやめなかった。手が震えていた。そして、今まで見たこともないような険しい顔になっていった。

「晃彦さ……」

「は、はい」

「フットサルサークルを一緒に立ち上げた仲間って、なんて名前？」

「……田中君です」

「田中君ね。その人、どこに住んでいるの？」

「……祖師谷大蔵《そしがやおおくら》です」

「練習はどこでやってるの？」

「フットサル場です」

「そりゃそうだよ。どこの？」

「……明大前です」

「あれ？　明大前にフットサル場なんてあったっけ？」

「……い、いや」

ボクは、*18・19袋小路に追いつめられたような気持ちだった。

うつむいていると、ジミーさんの大声が響き渡った。


「この、バカヤロー」

＊18　なぜ、就活中のウソはバレるのか？
　友人と一緒に次のワークをやってみてほしい。高校時代にやってもいないスポーツの部活をやっていたという設定で、会話をしてみよう。具体的な返答ができなかったり、途中で整合性が怪しくなってくるはずだ。答える途中でストレス

「自分の言葉」で語れ

大声を出したジミーさんは、ハァハァと息を切らしていた。

そして、今度はスゴく寂しそうな声で言った。

「アタシはガッカリしたよ……」

ジミーさんの落胆した表情が胸に刺さった。

「はっきり言うけどさ、晃彦はデキの悪いバイトだよ。これまで何個のグラスを割った？　割ったグラスの数、歴代1位。アンタ、堂々のキングだよ。それに、お客さんとのコミュニケーションもイマイチ……」
キ、キツいなぁ……。
「要するに、晃彦は不器用なんだよ。だけど、アンタみたいにマジメで一生懸命なヤツはなかなかいないよ。器用だけど、気持ちのこもっていない、テキトーな学生をたくさん見てきたからね。そんなヤツらより、晃彦のほうがよっぽど見どころがあると思ってたんだ。それが、こんなくだらないウソ書いちゃってさ。ほんと、ガッカリだよ……」


も感じることだろう。

　特に面接においては、事実を深掘りしていくので、返答する様子や話の整合性によりウソがバレてしまう。エントリーシートならウソがつけると思うかもしれないが、これも項目同士の整合性で疑問が湧いてしまうこともある。

＊19　ウソがばれない場合もある
　大手企業の初期段階の選考などでは、大量の応募者をさばく形式の面接になっており、捏造したウソがばれないことも、もちろんある。「ウソをつくのも才能」「社会で必要なのはハッタリ」という声もあるが……。

「ご、ごめんなさい」

「アタシに謝ることなんてないよ。それより、自分に謝んな」

自分に？　謝る？　よくわからなかった。

ジミーさんは、カウンターの席に座ると、タバコに火をつけた。そして、フーーッと煙を吐き出した。

「あのさ、晃彦に期待しているのは、フットサルサークルを立ち上げて、仲間のトラブルを解決して、優勝したなんていう〝スゴイ話〟じゃないんだよ。みんな勘違いしてるけど、**面接官は別に〝スゴイ話〟が聞きたいんじゃないんだ。**そんな話、そこらの学生に期待してないって。それより、晃彦にはいいところがあるじゃない？　そこを伝えてほしいんだよ」

オ、オレに？　いいところ？

「アタシやお客さんに叱られても、腐ったりせずに素直に謝っていたよね？あの姿勢は、すがすがしかった。遅刻もしなかったし、必ずきちんと挨拶して、お客さんが帰るときにはずっとお辞儀をしていた。それにね……」

ボクは、少し照れくさかった。

「晃彦は、ウチでバイトするようになってから、ず～っと続けていることがあるでしょ？」

「な、なんだろう……」

「早番のときは必ず、食器と窓ガラスとトイレがキレイになっているかチェックしていたよね？　そして、店内の鏡。これ、アンタがいちばんキレイに磨いてくれていた」

たしかに、そうだ。だけど、なんとなく気になるからやっていただけのことだ。

「これ、なかなかできないことだと思うんだよね。なんで、そこまでやれるの？」

「えーと。それは、母の影響だと思います。母は昔、アパレルの販売員をしていたんですけど、そのとき店長に言われたそうなんです。お客さんが少しでも気持ちよく服を試着できるように、毎日、鏡を磨くようにって。それが、いつの間にか、我が家でも習慣になっていたようで……。だから、ボクもついそうしてしまうんだと思います」

ここで、ジミーさんは顔を輝かせた。

「そこよ！　そこ、そこ！　晃彦に期待してるのは、〝スゴイ体験〟なんかじゃなくて、そういう**〝ああ、なるほど〟って腹に落ちる話**なの。アタシ、今、思ったよ。ああ、晃彦はいいお母さんに育てられたんだな。ああ、晃彦を採用してよかったな、って」

ボクは、思わずデレデレしてしまった。

「アタシに言わせれば、晃彦のいいところは、不器用でも一生懸命やるところ。地道に見えない努力をするところ。ウソなんかつかなくても、アンタにはアンタのいいところがあるんだよ。なんで、アンタはそんな自分のいいところを見てあげようとしないの?」

そ、そうか。「自分に謝れ」って、そういう意味だったのか……。

「まったく、こんなくだらないエントリーシート書いてる場合じゃないよ」

そう言うと、ジミーさんはエントリーシートをボクのほうに向けて広げた。次の瞬間、ビリッという音がした。エントリーシートを破り始めたのだ。そして、細かく破ると、灰皿に入れて火をつけた。火はメラメラと燃え上がった。

「アンタの恥と屈辱は、この灰皿で燃やしてあげた。だから、もう自分にウソをついちゃダメ。自分にウソをつくほど、みじめになることないじゃない? それに、アンタはそのままでも十分に価値がある。それは、断言する」

ボクは、火を見つめていた。

ジミーさんは話を続けた。

「いい？　**人生には〝変えられるもの〟と、〝変えられないもの〟があるんだ**」

何の話だろう？　ボクは少し戸惑った。

「誰だって、人生を変えたいと願っている。だけどね、〝変えられないもの〟を変えようとしたら、ウソをつくほかない。それで、人生をダメにしちゃうんだ」

そのとき、灰皿の火が最後の光を放ってシュッと消えた。それは、なんだか美しかった。

「この間、〝自分に何が足りないか〟について考えなさいって言ったよね？」

「はい」

「そのときに重要なのは、〝変えられるもの〟にフォーカスするってことなんだ。ところが、みんな〝変えられないもの〟にばかり注目しちゃう。たとえば、学歴。たしかに、日東大学より慶光大学のほうが就活には有利かもしれない。だからといって、〝学歴が足りない〟と言ったって仕方ない。だって、今さら受験し直すことなんてできないでしょ？　まぁ、できなくはないけど、あなたはしない。

〝スゴイ体験〟もそう。そりゃ、あったほうがアピールしやすいかもしれない。だけど、今さら〝経験が足りない〟と言っても、どうしようもないじゃない。アタシたちは、もう、これまでの人生を生きちゃったんだよ。**生きちゃった過去は、誰も変えることはできないんだ**」

「でも、だったら、〝変えられないもの〟はどうしたらいいんですか?」

「決まってるじゃない、受け入れるんだよ。〝変えられないもの〟は受け入れるしかない。そして、胸を張るんだよ」

「胸を張る、ですか……」

「そう。**ウソのない自分で、まっすぐに生きる**ってこと。それが、すべての出発点なんだ」

「……」

「だから、ほら、テレビ帝京のエントリーシートをもう一回、書き直してごらん。ウソ偽りのない〝自分の言葉〟で書くんだよ。いいね?」

部屋に帰ったボクは、さっそくパソコンに向かった。

そして、朝までかけてエントリーシートを書いた。

一生懸命、自分の言葉で書いた。それが、これだ。

「私が学生時代にした挑戦は、下北沢にあるＳＭＯＫＥというカフェでのアルバイトです。元広告代理店社員のマスターのもと、日々、接客修行をしました。コミュニケーション能力を磨きたかったからです。注文ミスや、ビールをこぼすなど、数多くのトラブルを起こしながらも、いつもお客さんの目に触れるものはキレイに磨き上げ、気持ちよく時間を過ごしてもらえるように工夫しました。こうして身に付けたお客さんに喜んでもらう力を生かして、インターンシップでも、その後の社会人生活でもさらなる挑戦をしたいと思います」

こんなものでも、スゴい時間がかかった。

小学生の作文みたいになってしまったが、もうこれ以上、書くことがないと思った。

それで、ボクはそのまま封筒に入れて[*20・21]ポストに向かった。

朝の空気はすがすがしかった。鳥のさえずりを久しぶりに聞いた気がした。思わず、立ち止まって深呼吸したくらいだ。

そして、そっと封筒をポストに投げ込んだ。

すると、とてもスッキリした気分になった。

＊20　エントリーシートは提出形式を守れ

まず、提出方法を確認。「郵送」とあったら必ず「郵送」。直接提出などはＮＧ。大手企業などは私書箱対応になっており、応募管理はアウトソーシング会社が運営していることも多く、管理上迷惑なのだ。

＊21　書式のルールは、守る

記述欄には枠があるはず。枠をこえて書いたものはＮＧという企業も。書式遵守は社会のルールだ。

数日後、テレビ帝京からメールが届いた。

やはり、不合格だった。

予想どおりとはいえ、ヘコんだ。

だけど、やるだけやったんだ。

そして、ウソはつかなかった。

胸を張っていこう。

そう、思えた。

ジミーさんにも電話で報告をした。

「あら、そう。残念だったわね」

「はい、でも、仕方ないですね」

「うん、そうだね。でも、いい経験をしたと思うよ。それに、インターンシップに落ちたから、どうしたっていうのよ。それで就活が決まるわけじゃないし、ましてや晃彦の人生だって決まらない。これで、よかったんだよ」

「はい！」

そうだよ、よかったんだよ。

そう自分に言い聞かせていると、「あ！　そうだ！」とジミーさんが大声を出した。

「それよりさ、アンタもうすぐ夏休みだろ？　休み中のシフト表、早く出してよね！」

こう言うと、ジミーさんは一方的に電話を切ってしまった。

もちろん、ボクの気分はぶち壊しだった。

ジミーさんの教え⑤

「〝変えられないもの〟は受け入れる。そして、胸を張れ！」

第3章

ひとりぼっちの「自分探し」。

【大学3年8月〜11月】

→ 情報収集

→ 自己分析

「世間知らず」よさようなら

9月22日――。

夏休みが終わり、ボクは久々に大学に行った。

教室に入ると、前より少し暗い感じがした。

いや、暗いというよりも、黒い。

なぜだろう？

ちょっと観察して気づいた。

みんなが髪を黒く染めていたからだった。

リクルートスーツを着ている人も何人かいた。

すっかり、就活モードに入っていたのだ。

授業が始まるまで、周りの会話に耳をすませた。

やはり、就活ネタだ。

「オレ、無人島に行くインターンシップに参加したんだ。結構キツかったけど、スゲー面白かったよ」

「オレは、サークルの合宿に行ってきたよ。バッチリ写真も撮ってきたから、エントリーシートの材料、カンペキだよ」[*1]

無人島でやるインターンって何だよ？　なぜ、普段の仕事をさせないんだ？　就活のためにサークルやってんのかよ？　くだらねぇ。

そんな気もしたが、焦りも感じた。

なぜなら、結局、この夏休みも誰かに自慢するような「特別なこと」はしなかったからだ。

一日だけひとりで夏フェスに行って、名古屋の実家に3日ほど帰省したくらい(就活のことでプレッシャーを受けたから、1週間の予定を繰り上げてしまった)で、後はずっとSMOKEでバイトをしていた。

ただ、夏休みの間、ボクなりにやり続けたことがある。

ボクは、グループディスカッションでの屈辱を何度も噛みしめていた。そして、自分に「一般常識」が足りないことを痛感していた。だから、勉強しようと思ったんだ。これは、**努力すれば「埋められること」**だからだ。

***1　とはいえ、写真を使うのも手**
　フリーフォーマットのエントリーシートの場合は、図表を描くのも、写真を貼り付けるのもアリ。エピソードによって工夫するといい。

だけど、どうやったらいいかわからなかった。新聞をとったり、書店で参考書を買ってきたりしたけど、ひたすら苦痛だった。[*2・3] 読んでも、まったく頭に入ってこなかったのだ。

そこで、ジミーさんに相談してみることにした。

「一般常識を身に付けたいんですけど、どこから始めればいいんでしょうか？」

すると、待ってましたと言わんばかりに、ジミーさんは身を乗り出してきた。

「いいんじゃない？　いいんじゃない？　ちょっと、アンタも言うことが違ってきたんじゃない？　そうなのよ。**みんな焦って就活に手をつけようとするけど、ちょっと待ってほしいわよね**。それより、じっくりと基礎力をつけることのほうが大切よ。晃彦、いいとこに気づいたわね」

「は、はい！」

「晃彦にピッタリのワークがある。やってみる？」

「はい、ぜひ！」

「キツイよ？」

「大丈夫です！」

「よし、じゃ、教えよう」

＊2　就活の情報源
「2012年卒　マイコミ大学生のライフスタイル調査1」によると「情報源として最も利用しているメディアはどれですか」という問いに関する答えは、インターネット61・8％、テレビ29・1％、ラジオ0・5％、新聞6・6％、本2・0％。「情報源として最も信頼度が高いメディアはどれですか」という問いに対しては、インターネット13・3％、テレビ19・3％、ラジオ0・6％、新聞53・7％、本13・0％だった。

＊3　就活が上手くいく学生の情報収集の法則
①社会人から直接、話を聞いている、②新聞、雑誌、本（就活本以外）を日常的に読んでいる、③ネットの中から信頼すべき情報を探すのが上手であることが挙げられる。

それは、〝**社説書き写しワーク**〟だった。新聞の社説を書き写したうえで、その社説についての自分の意見を300字以内でまとめろというのだ。

最初のうちは、かなりキツかった。

ボクは、それまで新聞なんてほとんど読んだこともなかった*4・5。だから、記事を読んでも何のことかさっぱりわからない。聞いたことはあるけど、実はちゃんと理解していない言葉もヤマのようにあった。「円高」「GDP」「代表選」「刑事告発」……。わからない言葉があれば、その度に辞書を引いたり、ネットで検索したりして調べなければならなかった。

それどころか、書けない漢字もたくさんあった。何度も活字を確認しながら書き写したものだ。

だけど、自分の手で書き写すからだろうか、**知識がしっかりと自分に刻まれる**ような気がした。ジミーさんが「書き写せ」と言ったのは、そのためだろうか？

ただ、問題は、その後だ。その記事に対して自分の意見を書かなければならない。ところが、記事に説得力がありすぎて、何を書いたらいいのかわからな

＊4　**ネット時代なのに新聞を読むべき理由**
　新聞はプロが取材してまとめた、今、把握しておくべき情報が40ページ弱にまとまっている。ジャンルをまたいでパラパラと世の中を俯瞰して見られるのもポイント。たしかに、ネット時代なのだが、面接官のおじさま方はネットを使いつつも、新聞を読む人たち。そして、学生は新聞を読まない。このギャップに気づくべき。
　最近では、新聞社も就活を通じた読者獲得に力を入れており、就活関連の記事も強化中。大学や喫茶店で読む手もある。日本経済新聞や朝日新聞は電子版の有料会員も募集中。親とシェアするのも手である。

＊5　**新聞を読むコツ**
　まず、「全部読もうとしない」のがポイント。日本経済新聞朝刊の文字量は新書2冊分にも匹敵する。全

いのだ。だから、しばらくは記事の要約みたいなものしか書けなかった。

こんな状態だったから、とにかく時間がかかった。しかも、毎日だ。ときには、放り出したい気持ちにもなった。

でも、毎週、ジミーさんに提出してチェックしてもらうことにしていたから、サボるわけにはいかない。歯を食いしばって「ワーク」を続けた。もしかすると、ジミーさんのプレッシャーがなければ続けられなかったかもしれない。


書き写したものをもっていくと、ジミーさんはいつもアドバイスを与えてくれた。

社説の要約しか書けなかったときのことだ。

「どう？　自分の頭で考えるって難しいでしょ？　でも、これも〝やり方〟ってのがあるのよ」

と言うと、ノートパソコンを立ち上げていくつかの新聞サイトにアクセスした。そして、各社の社説に目を通した。

「やっぱり、今日は各社、原発問題を取り上げているね。ほら、読んでごらん。それぞれに論調が違うでしょ。この新聞は、〝脱原発を基本方針にすべき〟と

部読むのは無理と割りきろう。新聞は1面から順に、絶対に知っておくべき情報からより広い情報、詳しい情報と広がるようになっている。見出しと、冒頭の文章だけでだいたいの内容は把握できるようになっているから、まずはこれだけでも読む。そして、自分の関心のある分野の記事はしっかり読むようにする。愛読コラムなどがあると、続けやすくなる。

新聞は一紙だけでなく、できれば数紙を読み比べるとよい。報道スタンスや、何を報じるかに差があるからだ。おすすめは日本経済新聞と、全国紙の中から数紙、ブロック紙、地方紙、さらには夕刊紙やスポーツ新聞を読み比べること。

書いているけど、こっちの新聞は、〝エネルギー確保の問題にも配慮して再稼働も視野に入れるべき〟と書いている」

「そ、そうか……、社説に書いてあるから、正しい主張であるとは限らないんですね」

「そりゃ、そうだよ。だから、**新聞に書いてあることを真に受けちゃいけない**。むしろ、各紙を読み比べて、論調の違いや対立軸を把握することに意味があるんだ。そして、自分はどの論調に近いか考えるのよ。これを繰り返すと、時事問題にも強くなるし、自分の意見や立場も明確になってくるわけ」

「な、なるほど」

「だから、図書館や大学のキャリアセンター、喫茶店なんかを活用して、メインで読んでる新聞のほかに**もう一紙読む**といいわよ」


ボクは、ジミーさんに言われたとおりにした。

図書館に通うのは面倒でもあったけど、とにかく言われたとおりにしてみた。そして、2紙の社説を読んだうえで、こんな意見を書いてみた（図表1）。その意見に対して、ジミーさんがツッコミを入れる。それで、また考えさせられる。そんなワークを続けたんだ。

ときには、新聞で興味をもったテーマに関する本[*6・7]を何冊か買って読んだこともある。そんなテーマについては、誰かに話したくて仕方なくなったもんだ。

1か月くらいかかっただろうか——。

気がついたら、新聞を読むのが苦痛じゃなくなっていた。むしろ、面白くなっていた。

もちろん、記事を読んで暗い気持ちになることもあった。「財政難」「年金問題」「少子高齢化」「円高」「原発問題」「無縁社会」「格差社会」……。世の中は、深刻な問題であふれていたからだ。だけど、時代の「動き」がわかるようになるのは、それだけで充実感があった。

そして、その日のニュースについてジミーさんと議論するのがバイトの楽しみのひとつにすらなっていた。

もちろん、こんなこと、別に自慢するようなことじゃない。

でも、この夏休みに、ボクは「世間知らず」を卒業しつつあった。

＊6　書籍
書籍は情報の宝庫。上手く活用したい。

＊7　「働く」ヒントになる本
①『月曜の朝、ぼくたちは』（井伏洋介、幻冬舎文庫）、②『仕事漂流』（稲泉連、プレジデント社）、③『リーダーシップの旅』（野田智義・金井壽宏、光文社新書）、④『サラリーマン漫画の戦後史』（真実一郎、洋泉社新書y）、⑤『大学生のためのキャリア講義』（山本直人、インデックス・コミュニケーションズ）、⑥『雇用の常識　本当に見えるウソ』（海老原嗣生、プレジデント社）、⑦『仕事で「一皮むける」』（金井壽宏、光文社新書）、⑧『課長になったらクビにはならない』（海老原嗣生、朝日新聞出版社）、⑨『日本の雇用と労働法』（濱口桂一郎、日経文庫）。

【図表-1】社説書き写しワーク

A新聞の社説要約

なでしこジャパンがワールドカップに優勝した。ますますのスポーツ大国になるためには、選手がスポーツに専念できる体制作りが必要だ。しかし、現在は、彼女たちもアルバイトをしなければいけないほどの状態だ。企業スポンサーも減少するなか、国がスポーツ振興の音頭取りをするべき。

B新聞の社説要約

なでしこジャパンのワールドカップ優勝は日本中を感動させた。今後、彼女たちの活躍のステージを大きくするために、採算性のあるプロ化が必要なのではないだろうか。Jリーグのやり方を参考に企業と地域がハイブリッドにサポートする体制作りを構築するべきだ。

晃彦の書いた意見

女子サッカーの運営にも選手の強化にもお金が必要だ。時代はソーシャルメディアの時代であり、ネットを通じて個人同士がつながる時代だ。国や地域、企業からの支援ではなく、個人のパトロンを募り、ファンド形式でチームや選手を支えるような仕組みをつくるべきだ。

ジミーさんのツッコミ

ネットを使えばサポートする人が集まるなんて牧歌的じゃない？　あと、個人からそんなにお金って集まるもの？　ファンクラブとどう違うの？　女子サッカーにお金が落ちる仕組みをつくるにはどうするか、全体の絵を考えてみて。

そして、社会人に一歩、近づけたような気がしたんだ。

ジミーさんの教え⑥

「社説を読み比べて、〝考える力〟を身に付けろ！」

「自分の強み」を知りたい！

ジミーさんの影響のせいか、観るテレビ番組[*8・9]にも変化があった。ニュース番組はもちろん、ビジネス系の情報番組やドキュメンタリーをよく観るようになったのだ。それまで、その手の番組はほとんど観たことがなかったが、観てみると時が過ぎるのを忘れてしまうほど面白かった。

特に印象に残ったのは、こんな番組だった。

主人公は、あるヒットお菓子商品の仕掛け人だという27歳の女性社員[*10]。その会社の定番お菓子の「ご当地版」を、それぞれの地域の食材を使って製造するという商品をプロデュースしたのだ。面白いのは、パッケージにはその地域の

＊8　就活に役立つ番組　ニュース番組：ワールドビジネスサテライト（テレビ東京系）、経済情報番組：ガイアの夜明け、カンブリア宮殿（テレビ東京系）。

この3つの番組だけでも見ておくと、ビジネス関連の知識は相当増えるはず。プロの活躍を見ることができテンションが上がる番組としては、情熱大陸（TBS系）、プロフェッショナル仕事の流儀（NHK）などもよい。この他にもBSデジタルで放送されているニュースやビジネス番組は、地上波では流れないコアなものも多くおすすめ。

＊9　テレビを見るコツ　「テレビ」と言っても最近では、ワンセグやハードディスクレコーダーやPCで録画したりと、視聴方法は実に多様化している。おすすめは、①自宅では、ニュース番組か経済情報番組をかけっぱなしにする

「ゆるキャラ」を登場させて、お土産用として仕掛けたところだ。地域振興もかねた優れたアイデアだ。

もちろん、苦労もあった。「ゆるキャラ」には権利の持ち主がいるので勝手に使うことはできない。ひとつひとつ許可をとらなければならなかったという。

しかし、そうした苦難を乗り越えてビジネスを成功させた彼女の顔はキラキラと輝いていた。それは、ボクがずっと求めていた〝何か〟そのもののようにみえた。

「オレもこんな仕事がしたい！」

そう強く思った。

しかし、同時に「ムリだよ」という声も聞こえてきた。

彼女とオマエじゃ〝デキ〟が違うんだよ……。

たしかに、テレビに映る彼女はスゴく明るくて、見ているだけで好感がもてた。話も上手で、〝地頭〟のよさがリアルに伝わってきた。それは、ボクにはないものじゃないか……。

そう考えると、気分はどんどん落ち込んでいった。

（BGM替わりに聞く。ラジオのニュースでもOK）、②ハードディスクレコーダーやPCを利用し、番組を決めて毎回録画する。観るのは別に早送りでも興味がある部分だけでもかまわない。「就活」や志望業界名、企業名などのキーワードで自動録画予約をするのもいい。

＊10 「できる人」に焦らない

テレビの特集、ビジネス誌、就職ナビサイトなどに登場する「できる先輩社員」は、社内外に自信をもって紹介できる人を選んだはずだが、とはいえ、わかりやすく伝えるために「盛って」いる場合や、実はもっとすごい功労者は周りにいることも。影で支えている人がいることや、その紹介文には現れない地味な努力があることも忘れずに。

そんなある日――。

ボクは何気なく大学のキャリアセンターに足を運んだ。そして、掲示板を眺めていると「自己分析講座」のポスターが目に留まった。そこには、こう書かれていた。

「もう、自己分析[*11]をやりましたか？　はやく〝自分の強み〟を見つけて、就活を成功させよう！」

自分の強みか……。

そういえば、以前、ジミーさんに「〝地道に見えない努力をするところ〟がアンタのいいところ」って言われたことがある。そのときは嬉しかったけど、それだけじゃ、なんだか「勝てない」ような気がした。もっと、「強み」＝「PRできる自分」を探さなきゃダメなんじゃないか？　もしかしたら、ボクのなかに、あの〝女子社員〟のようになれる素質が眠っているかもしれないじゃないか……。

ポスターをもう一度見ると、そこには、「自己分析のプロ・西條健さんがやって来る！」という文句が印刷されていた。

自己分析のプロ、って何だ？

＊11　自己分析の方法
一般的には次のものがある。
①自分史分析：幼い頃からの年表を作成し、主な出来事などを振り返る。何に興味を持ち、どんなポジションでどんな行動をし、何を学んだかなどを書き出す。これを客観視して価値観の変化、行動特性、強みを読み取る。
②ライフラインチャート作成法：人生における主な出来事、興味関心、価値観、強みなどが特に現れた出来事やその時の満足度を曲線で示し振り返る方法。
③ジョハリの窓：特徴、強みなどについて、自分や周りの人が気づいていること、気づいていないことに分類整理する方法。自分が気づいてない強みや、相手に伝わっていない強みに気づくことができる。

一瞬、そんな思いもよぎったが、ボクは、その場で「自己分析講座」に申し込んだのだった。

「自己分析のプロ」あらわる!

数日後――。

キャリアセンター主催の「自己分析講座」に向かった。

教室に入ったとたん、ボクは威圧された。

すでに40人くらいの学生が集まっていた。多くの学生はリクルートスーツを着ていた。そして、活発に就活情報を交換し合って盛り上がっていた。

会場には、5つのテーブルが置かれていて、それぞれ8人ずつくらいが着席していた。そのひとつに、ボクは腰をかけた。

自己分析のプロ・西條健さんが登壇すると、会場はサッと静かになった。

「ちょっとあやしい?」と思っていたボクだったが、西條さんの話にすぐに引き込まれていった。

「どんな会社に入るか、どんな仕事につくか。これは、人生の大イベントです。入ってからも、自分らしさを発揮できないと活躍できません。だからこそ、就活を始める前に〝本当の自分〟を知らなければなりません。つまり、自分の〝強み〟と〝弱み〟、〝仕事に対する価値観〟を知ることです。皆さんにもきっと〝強み〟はあるのです。それに気づけば誰でも〝本当にやりたい仕事〟〝合っている会社〟とめぐり合い、イキイキ働くことができるのです」

ボクは、話を聞きながらドキドキしていた。

「もしかしたら、オレは、**〝本当の自分〟**に気づいてないから、自信がもてないのかもしれない。これは、自分が変わるチャンスかもしれない」

そう思っていると、ペーパーが配られてきた。

自分史[*12]の記入用紙だった。このペーパーに、幼少の頃からの思い出を書き込んで、そこから自分の価値観や強みを読み解くというプログラムだった。

「オレの自分史なんて……」

ボクは、ペーパーを見たとたんに気が重くなった。

でも、「本当の自分」に出会えるかもしれないじゃないか。やってみようよ。

＊12　自分史作成に便利なサイト
自分史サイトHisty(http://histy.jp/)は自分史をまとめる上で便利。公開したり、著名人の自分史との比較も可能。

そう、自分に言い聞かせた。

だけど、最初はまったく書けなかった。書くに値するようなことが見つからなかったのだ。5分くらいはペーパーの前で硬直していた。ふと、実際の経験を見栄えよく膨らませようかと思った。そして、「ダメだ、ダメだ」とその思いを振り切った。

「ウソのない自分で、まっすぐに生きる」

ジミーさんの言葉が蘇ったのだ。

それで、意を決して正直に書き始めた。

できあがったのは、こんな自分史だった（図表2）。われながら、ガッカリな内容だった。

「これから、どんな〝強み〟が見つかるっていうんだ？」

そう思いながらも、ボクはこの「自分史」を読み解こうとした。

思えば、ボクはこれまで「希望」をことごとく打ち砕かれてきた。小学校でサッカーを始めても、結局、高校でサッカーを辞めるまでレギュラーになることはできなかった。中学受験も失敗したし、大学受験でも「スベリ止め」にひっかかっただけ。ギターを始めても、バンドはやめてしまった。

ずっと、日陰を歩んできたんだ。そういえば、小学校のときにはクラスの委員としてイヤイヤながら「ウサギの飼育係」もやらされていたっけ。ぶっちゃけ、みんなが〝やりたくない仕事〟を押し付けられただけ。子ども心に屈辱だった……。

脚光を浴びたことって、唯一、区の書道コンクールで入賞したくらいか。でも、正直いうと、あんまり嬉しくもなかった。だって、学校の友だちは書道なんて誰も興味なかったんだもの……。

そんなことを考えていたら、西條さんが参加者に呼びかけた。

「皆さん、書けましたか？　では、グループごとに共有してください。一人ひとり、ご自分の体験を読み上げてください。他の方は、さらに掘り下げるような質問をしてください。そして、お互いに強みを指摘し合ってください」

ええ？　そんな恥ずかしいことをするのか……。

ボクは、身が縮むような思いだった。

いろんな人がいた。「大学入学以来、ずっとテレビ局でバイトをしてきました」と胸を張って発表する人もいれば、話を〝盛って〟るのか、「１００人い

【図表-2】晃彦の自分史

時代	当時の自分、印象に残っている出来事
幼少期	当時は社宅住まい。ちょうど、自分と同い年の子が多く、遊ぶ仲間も当時は多かった。ただ、何をやっても、自分が突出したものはなかった。アニメ、特撮が大好きだった。変身願望あり。母から礼儀などを叩き込まれる。
小学校低学年	サッカーチームに入るが、ずっとレギュラーにはなれず。書道を習い始める。地道に、まじめに続ける。こちらでは区のコンクールに入選。クラスの中で、断れずにずっとウサギの飼育係をする。
小学校高学年	サッカーでは相変わらずレギュラーになれず。塾に通い始める。成績は普通。中学受験に失敗する。
中学校	サッカー部に入るが、やはりレギュラーにはなれず。ずっと記録係をつとめる。試合のことをミスなく記録し続けたり、ビデオを回し続けて先生に褒められた。ロックを聴くようになる。受験勉強で悶々とする。
高校	入学祝いにギターを買ってもらう。家で地道に練習する。ロックな生き方に憧れる。成績は中の上くらい。大学進学で変わろうとするが、志望校に落ちまくる。
大学1年	上京。自分を変えようと、茶髪にし、軽音に入るが、明らかに実力差があり、なじめずフェイドアウト。SMOKE でのバイトを続ける。
大学2年	アルバイトと学校以外、何もない毎日。することがないので、小説を中心に本をよく読む。講義には全出席。単位はすべて取れたものの、A評価は少なくショックを受ける
大学3年	就活始まるが、インターンシップに落ちまくる。

るテニスサークルの幹部をしています」と、ちょっとバツが悪そうに話す人もいた。そして、バツが悪そうに話す人には、事実確認をするような質問が飛んだ。彼が冷や汗をかいているのが伝わってきた。そんな姿を見つめながら、ボクは「自分のときには、どんな反応をされるだろう?」とドキドキしていた。

そして、ボクの番になった。

「ウソはついてない。胸を張っていこう」と思ったが、そうはいかなかった。あまりにショボイ自分史だからだ。腹に力を入れて声を出そうとしたけど、その声は弱々しく震えていた。

そんなボクの発表に、みんなもちょっと戸惑っているようだった。「何を聞いたらいいの?」という表情だった。結局、まったく盛り上がることもなく、「マジメなんですね」「コツコツ頑張る人なんですね」などと気を使うような発言があっただけで終わってしまった。「強み」の指摘なんてなかった。

ボクは、「ありがとうございました」というのが精一杯だった。

そのとき、肩をポンッと叩かれた。驚いて振り返ると、そこには西條さんがいた。そして、こう優しく声をかけてくれた。

「キミの発表を聞かせてもらったけど、とても正直に自分の人生を振り返っていたね。それが、いい自己分析をする第一歩なんだ。これから、もっと自分を掘り下げていけば、きっと〝本当の自分〟に出会えるよ」

ボクは、救われるような思いだった。

講座が終わると、勇気を出して、壇上の西條さんに挨拶しにいった。すると、「ああ、さっきのキミだね。キミは見込みがある。よかったら、ボクの本で本格的な自己分析をやってごらん。じっくり自分と向き合えば、きっと何かつかめるから」とにこやかに応じてくれた。

もちろん、ボクはすぐに大学生協に向かった。そして、西條さんの最大のヒット作『就活に勝つ！　本当の自分に出会える自己分析ワーク』という本を買ったのだった。

ひとりぼっちの「自己分析」

アパートに着くまでの時間も惜しいような気がした。

だから、電車のなかで本を取り出した。ちょっと恥ずかしいような気もしたので、カバーを裏返しに付け替えた。

本は記入式になっていた。

「ここには恥ずかしがらずに思ったことを正直に書いてください。それが、自己分析ワークの基本です」

「はじめに」には、こう書いてあった。

ページをめくると、そこにはさまざまな質問があった。

「あなたの嬉しかったことをできるだけたくさん書いてみてください」

「あなたのくやしかったことは何ですか？」

「自分の好きなところ、嫌いなところは何ですか？」

「あなたの夢は何ですか？」

それぞれに、「なぜ、そう思うのですか？」という問いが付け加えられていた。

ボクは、一心不乱に書き込んでいった。過去を振り返ることは、ときに感情を波立たせた。

たとえば「くやしかったこと」という項目では、「中学時代に、サッカーでレギュラーになれず記録係を指示されたこと」と書いたときに、当時の感情が生々しく蘇った。なぜなら、ボクは小学校からサッカーをやっていたからだ。

なのに、中学に入ってからサッカーを始めた同級生に負けたのだ。しかも、「記録係」という屈辱。あのとき、ボクは帰宅してからひとり泣いたんだ。

一方で、「嬉しかったこと」では、こんなことも書いた。「まじめに記録係をやって、先生に褒められたこと」。そう、あのとき、ボクはとっても嬉しかった。なぜなら、ボクなりにちゃんと記録をとろうと頑張っていたからだ。そんなボクのことをちゃんと見ていてくれたんだ、と思うと泣けた。それは、本当だ。だけど、ボクは記録をつけながら、フィールドを駆け巡っているメンバーが恨めしくて仕方なかった。やっぱり、「記録係」なんてイヤだった。それも、本当のことだった。

どっちが、「本当の自分」なんだ？

ボクにはわからなかった。

だから、もっともっと自己分析を深めなければならない、と思った。

それからは、『自己分析ワーク』に向き合う毎日だった。

時間があれば、ペンを片手に取り組んだ。何も書くことが思いつかないことも多かった。そのときには、「はじめに」の西條さんの言葉を読み返した。

「できるだけ、たくさん書くようにしてください。もう、書くことがないと思っても、もうひと踏ん張り[*13・14・15・16]してください。なぜなら、そんなときこそ、自分が気づいていなかった〝本当の自分〟が顔を覗かせるのですから」

そ、そうだ。今こそ、踏ん張りどきなんだ。もっと、自分を掘り下げなきゃ。

ボクは、そう自分に言い聞かせた。

だけど、なかなか「本当の自分」はあらわれなかった。それどころか、ますます頭はこんがらがっていくようだった。

何なんだ？　オレって、何なんだ？

ボクは、ひたすら自問自答を繰り返す数日を過ごした。

シャワーを浴びて洗面台に向かったときだった。鏡のなかの自分を見て、ボクは少し驚いた。ゲッソリ痩せたように見えたからだ。そして、目の下にはクマができていた。

そんなある日、バイトが終わったあと……。

「アンタ、最近、ちょっとイケてるんじゃない？」

ジミーさんが、惚れ惚れしたような表情で、ボクの顔をマジマジと見つめた。

＊13 「やっとでてきた答え」にヒントがある
例えば、自分の10大ニュースを書きだす場合、5個目〜7個目くらいできつくなってくる。だが、そこで一生懸命考えて出てきた項目が意外に大きな項目であることも。もっとも、強引に、捏造するくらいの勢いで取り組むのはダメ。

＊14 痛い体験ほど振り返れ
失敗体験ほど、深く振り返りたい。それを乗り越える過程で必ず成長したことがあるはず。また、自分の勝ちパターンだけでなく、負けパターンも確認しておきたい。どういう時に失敗するか、それを避けるためにはどんな工夫をすべきかを考えるといいだろう。

＊15 写真を見て自己分析
幼い頃から今までの写真をバーっと見返してみる。すると、忘れていた体験や、

「イ、イケてる？　ど、どこがですか？」

「そのクマよ、クマ。なんか、カート・コバーンみたいじゃない。その病的な感じ、いいわぁ」

と、さらに顔を近づけてくる。間近で見るジミーさんの顔は、マジでデカい。ボクは思わずのけぞった。

するとジミーさんは溜め息をついた。そして、

「はぁ……、アタシも繊細なロック・ミュージシャンのようになりたかったなぁ。それが、こんなに太っちゃって……。こんなはずじゃなかったのに……」

と突き出た腹を恨めしそうに見つめていた。

ボクはふいに口にした。

「ジミーさんも、本当の自分を探し求めているんですね？」

「？？？」

ジミーさんは、不可解そうにボクの目を見つめた。

「本当の自分？」

「ええ、〝本当の自分〟っていったい何なんでしょうね？」


その時々の感情はきっと鮮明に湧き上がることだろう。もし残っていたら映像を見返してみるのもよい。

＊16　現地に行って自己分析
重要な体験と思うことについては、その出来事があった現地に行ってみるといい。その時の感情がより鮮明によみがえることもあるからだ。例えば、部室や昔のバイト先など。

ボクは、遠くを見つめてそう言った。

「本当の自分」は「見られてる自分」

ジミーさんは険しい表情になった。

そして、こう尋ねてきた。

「もしかして、自己分析やってたんの?」

「は、はい。よくわかりましたね?」

「なんか、オカシイと思ってたんだよね」

「え?　オカシイ?」

「だって、ここのところずっと思い詰めたような顔して、仕事中も上の空だったじゃない?」

「そ、そうでしたか……」

「で、どんな自己分析をやってるの?」

「えっと……、本を使って……」

「ひとりでやってるの？」

「は、はい」

「まったく……」

そうつぶやくと、ジミーさんはふか～い溜め息をついた。

そして、冷たく言い放った。

「それ、すぐにやめな」

「え？　どうしてですか？」

「いちばんやっちゃいけないことだからよ」

「な、なんで？」

「絶対に答えが出ないからだよ」

「そ、そんな……。西條さんは、〝じっくり自分と向き合えば、きっと何かつかめるから〟って……」

「サイジョウ？　サイジョウって、西條健のこと？」

「あ、はい。ご存知なんですか？」

「うん。西條さんとは昔、採用担当だったときに会ったことがあるよ。きちんとした人だよ。それに、別に間違ったことを言ってるわけじゃない。たしかに、自己分析は大切だし、一度はガッツリ自分に向き合ってみるのもいいだろう。でもね、本だけを頼りに、**ずっとひとりで自己分析したって、なーーんにも出てこないよ**。何か出てきたとしても、そんなの勘違いだから」

ボクは、自分の努力を否定された気がしてムッとして聞いた。

「どうして、そんなふうに言い切れるんですか？」

「当たり前じゃない。自分のことを完全に客観的にみることができる人なんていないからよ。神さまじゃあるまいし、自分のことを自分ひとりの力で理解しようなんておこがましいっていうの。だいたい、晃彦はひとりで自己分析をやって〝本当の自分〟が見えてきたの？」

「……」

ぜんぜん、見えない。むしろ、頭のなかは混乱するばかりだ……。

黙っているボクに、ジミーさんは諭すように言った。

「あのね、社会のなかでは、**他人に見られてる自分が〝本当の自分〟なの**。だって、そうでしょ？　たとえば、Aさんは、毎朝大きな声で挨拶する人だとする。本人は、特に意識せずに、フツーにそうしてるだけなの。だけど、周りの人が〝感じのいい人だな〟って思えば、その人は〝感じのいい人〟なのよ。

晃彦も、気持ちよく挨拶する人を見たら〝感じのいい人だ〟って思うでしょ？　ところが、Aさんが〝自分ってどんな人だろう？〟とたったひとりで考えていたら、たぶん〝感じのいい人〟であることに気づかないんじゃないかな。だって、Aさんは別に〝感じよくしよう〟と思って挨拶してるわけじゃないからよ。

逆に、Bさんは本人では〝いい人〟のつもりでいるとする。でも、本人は気づかないまま無愛想にしてたら、周りの人は〝なんだか感じが悪いな〟って思うよね？　そうしたら、その人は〝感じの悪い人〟なのよ。

ところが、Bさんがひとりで考えてたら、きっと〝自分が感じ悪い〟ってことに気づかない。だって、〝いい人〟だって思い込んでるんだから。

つまりね、AさんもBさんも、第三者に指摘されてはじめて〝本当の自分〟に気づけるのよ。少なくとも、そのほうが早く〝自分〟を知ることができる。だから、自己分析は絶対にひとりでやっちゃダメ。他の人の意見や評価に素直に耳を傾けること。これが、自己分析の基本なんだ」

「な、なるほど……」

「アンタに足りないのは**〝自己分析ワーク〟じゃなくて、〝他人の視点〟なのよ**」

そう言うと、ジミーさんはニコッと笑った。

そして、「コーヒーでも入れようか？」と言うとカウンターに入った。

ジミーさんの教え⑦

「自己分析はひとりでやるな！」

地味でも強みは強み！

ジミーさんは、湯気のたつコーヒーカップをふたつカウンターに置いた。コーヒーのいい香りが漂ってきた。胸いっぱいにその香りを吸い込むと、少しリラックスするような気がした。

「晃彦、まだ時間大丈夫でしょ？」

「は、はい……」

「じゃあさ、晃彦の自分史、アタシに見せてごらんよ。もう、つくってあるんでしょ？」

あの、ショボイ自分史か……。一瞬躊躇したけど、ボクは『自己分析ワーク』

のなかにはさんでいた自分史を取り出した。

　ジミーさんは、しばらくそれを真剣な表情で読んでいた。

　そして、顔を上げると、こう尋ねてきた。

「ちょっと聞きたいんだけどさ、小学校のときにウサギの飼育係やってたんだよね？　ツラかった？」

「はい……。だって、押し付けられただけですから。くやしかったですね」

「実際にやってみてどうだった？」

「う〜ん、最初はイヤイヤやってたけど、だんだんウサギが可愛くなったっていうか、情が移ったっていうか。だから、ちゃんと大切に飼育しましたよ」

「意外と楽しかった？」

「そ、そうですね。そうだ、そういえば、進級して飼育係をやめてからも、ときどき気になって見に行ったりしましたね……」

　ジミーさんに質問されると、それまで思い出せなかった記憶が引き出されてきた。それは、ちょっと不思議な感覚だった。

「へぇ、それはスゴイねぇ」

「スゴイ？」

自己分析は「好き嫌い」から始めなさい！

就活は自己分析から始まる——。

いつの間にか、そんな風潮が広がっちゃったけど、アタシは、学生がする「自己分析」大っ嫌い。アナタも、これで苦しんでるんじゃない？

だって、いきなり自分のことを振り返れとか言われたら、ますます「本当の自分」がわからなくなってきちゃうじゃない？　それに、過去の自分があまりにもダメっぽくみえて、自信だってなくなっちゃう。自分の強みを探すはずが、自己嫌悪に陥っちゃうんじゃ本末転倒よね？　あとさぁ、ついつい**志望業界・企業の「人材要件」に自分を合わせようとする子**もいるよね？　そんなの自己分析じゃないじゃん。バッカみたい。

じゃ、どうすればいいかって？　アタシがおすすめするのは「好き嫌い分析」よ。

「何が好きで、何が嫌いか」

まずは、ここから始めるの。シンプルにいくのよ。

アナタも普段、生きていると、いろんな感情が沸き起こるわよね？　電車に乗ったときに、マナー違反している客がいたら嫌だなと思ったり、席を譲る若者がいたら好感を抱いたりするでしょ。就活してたって、そうよね？　いろんな企業や社会人と出会ったときに、ゼッタイになんらかの感情が湧き起ってるはずよ。「この仕事って素敵じゃん」とか「こんな社会人に私はなりたいなあ」とか……。まずは、その感情を大切にしなさいってこと。

紙を出してごらん。そして、好きなモノとかコトと、嫌いなモノとかコトをだーっと書きだしてみるの。紙がびっちり埋まるくらいにね。そうやって書きだしたら、今度は、「なぜ、好きなんだろう？」「なぜ、嫌いなんだろう？」って考えてごらん。冷静に自分の「好き嫌い」を検証してみるのよ。

どう？　なんとなく自分の価値観とか志向性が見えてこない？　例えば、かっちりしたルールを強要されることや、先輩にあれこれ指図されるのが嫌だとしたら、きっとそれは前例にとらわれず、自由にチャレンジするのが好きなのよ。それって会社選びの手がかりになるでしょ？　これも立派な自己分析なのよ。

就活は、頭デッカチになっちゃダメ！

もっと、感情的にやっていいのよ。もっともっと、**自分の感情に素直になろうよ。**

きっと自分に合った会社に出会えるから！

「スゴイと思うよ。たいていの人は、ずっとイヤイヤやり続けるもんだからね。サッカーの記録係のときはどうだったの？」

「まぁ、やっぱりイヤでしたね。レギュラーになりたかったですから。だけど、やんなきゃいけないことだから、ちゃんとやってました」

「褒められて嬉しかったろうね？」

「そうですね。ちゃんとやっててよかった、って思いました。単純だから、褒められてからもっと丁寧にやるようにしましたね」

「ふぅん、そうかぁ。たしかに、晃彦って、このお店でも鏡を磨いてくれたり、地味な仕事をコツコツやってくれたもんね。それってスゴイ強みだと思うなぁ」

「そんなぁ……、地味すぎませんか？」

「地味とか派手とかは関係ないよ。強みは強みなんだ」

「は、はぁ……」

「会社にはね、誰もやりたがらないような地味な仕事をコツコツやる人って絶対に必要なんだよ。学生さんて、派手に活躍している社員にばかり注目しがちだけど、ああいう社員が活躍できるのは**カゲでコツコツと支えている人がいる**からなんだよ。求められているのは、ちゃんとやりきる人なんだ」

「そ、そんなものですか……」

「そりゃ、そうさ」

ボクは、テレビでみた製菓会社の女性社員を思い出していた。そうか、彼女のサクセス・ストーリーをカゲで支えている人もいるんだ。なんだか、それはボクにピッタリな役割のような気がした。

「それにね、会社に入ったら、自分が希望しない部署に配属されるなんて当たり前のこと。だけど、日陰の部署に回されると、すぐに腐っちゃう人がいるんだよ。それで、転職してしまったりする。でも、そういう人はたいていダメだね。だって、別の会社に移っても、また希望しない部署に回されることがあるからさ。そこで、また腐っちゃう。同じことを繰り返すんだ。

大切なのは、**与えられた仕事をとにかく一生懸命やる姿勢**よ。そこで、しっかりと仕事をすれば、〝コイツは見どころがある〟って評価される。それではじめて、活躍するチャンスを与えられる。世の中って、そういうものなのよ。

だからね、どんな仕事を与えられても、楽しさを見出すことができる人って強いんだよ。晃彦には、そんな力もあるんじゃないかな？」

「で、でも……。スゴく平凡じゃないですか？　そんな力をもってる人ってたくさんいるから自己ＰＲの材料にはならないんじゃ？」

「**平凡でいいじゃない**。だって、非凡な人ってこの世の１割もいないよ。ほとんどの人は凡人なの。大切なのは、凡人なりにちゃんと力を発揮できるかどうか、ということ。就活に関していえば、平凡な〝強み〟でも、それをちゃんと伝えられるようにしておくことよ。

ところが、なかには、**平凡なくせに非凡なフリをする**のが〝自己ＰＲ〟だと勘違いしている学生がいる。アタシが採用担当だったときは、そういう人は全部落とした。その人のためにもならないからよ。そういう人は、会社に入ってからもニセの〝非凡な自分〟にこだわるからね。だけど、周りはそんなふうには見てくれない。だから、〝アイツは勘違いしてる〟ってことになる。それで、不本意な職場に回されて腐っていく。そんなケースもたくさん見てきたよ」

「こ、こわいですね……」

「そう、こわいんだよ。だから、気をつけなって言ってるの。アタシも自己分析で、ちゃんと〝本当の自分〟を知っておくことはとっても大切だと思う。ただし、それは他人にしか見えないってことよ。もう、わかったでしょ？」

「は、はい」

「じゃ、ほら、その本はもう捨てちゃいな」

え……。それは、ちょっと……。

そう思っていると、ジミーさんはパッと本を奪いとってゴミ箱に放り投げた。

そして、大声を出した。

「書を捨てよ、町へ出よう！」[*17]

な、なんだ？　キョトンとしていると、ジミーさんは笑いながらこう言った。

「アハハハ。ちょっと古かったかな。でも、まぁ、自分を知りたかったら、本ばっかり読んでないで、とにかく人に会えってことよ。前にも言ったでしょ？　とにかく、前に進めって。それこそ、自己分析のいちばんの方法なんだよ」

そっか……。前に進めってこと、忘れてたな。ボクは思わず苦笑いした。

「オレって間抜けだな」と思ったからだ。

ジミーさんの教え⑧

「平凡な強みをつかみとれ！」

＊17　書を捨てよ、町へ出よう　寺山修司の代表作のひとつ。

第4章

学歴差別に負けるな。

【大学3年 12月】

→ 就職ナビ本オープン

→ 合同説明会

→ 業界研究

真っ暗闇の不安

朝晩と冷えるようになっていた。

季節は、秋をすぎ冬に向かっていた。

そして、ボクは美容室に向かった。

「髪を黒くしてください」

「就活で大丈夫な髪型にしてください」

そう言うのは、ちょっと恥ずかしかった。

上京してはじめて茶髪にしたときのことが頭をよぎった。なんだか「敗北宣言」のような気もした。でも、腹は決まっていた。「就活戦線」を戦おう、と。

「さよなら、カート・コバーン」

ボクは、心のなかでつぶやいた。


美容室を出ると、その足で新宿まで出た。

そして、伊勢丹でリクルートスーツ[*1・2]を買った。もっと安い店でもよかったん

＊1 就活生の必需品
①リクルートスーツ：服装自由、クールビズOKの企業も増えたが、持っていると無難。パンツを2着作っておくと便利。女子はジャケットを1枚にしてパンツ、スカートを1枚ずつ持つのも手。リクルートスーツではなく、濃い色の無地のスーツにしてしまう手もある。ワイシャツは安くてもしっかりしたものを数枚持っていると便利。靴も、2足程度持っておくと、ローテーションが組めるし

だけど、母親からこんな電話があったんだ。

「アンタ、もうスーツは買ったの？　お金送ってあげるから、ちゃんとしたの買いなさい。あと、革靴もいいのを買うんだよ。見た目が大事なんだからね」

身体の寸法を測ったり、あれやこれや、ずいぶん面倒だった。だけど、スーツをつくると、それだけで就活に向けて気持ちが引き締まるような気がした。

夕焼けの新宿の町を歩きながら思った。

「オレのやりたいことって何だろう？　どんな会社で、どんな仕事がしたいんだろう？」

やはり、真っ先に浮かぶのは音楽業界だった。だけど、前にジミーさんにツッコミを入れられたなぁ。「相当キツイだろうな……」。じゃ、何だ？

そうだ、飲食業界はどうだ？　SMOKEのようなお店をつくれたらいいよな。でも、キツそうな世界だよな。以前、有名なチェーン店の舞台裏を追った報道番組を見たことを思い出した。カリスマ経営者のもと、〝軍隊式〟とでもいうべき厳しい規律が科せられていた。エリアリーダーが何人もの店長さんに向かって怒鳴るように訓示しているシーンには身の凍るような思いがした。自

長持ちする。

②手帳：グーグルカレンダーなど、ネットのものでも構わない。

③ノート：立ってメモをとる機会も多いので、表紙などが堅いものが便利かも。

④ウェットティッシュ：よく汗をかくので、あると便利。

その他、身だしなみグッズは持っておきたい。

＊２　就活から変わるお洒落の常識

髪型も服装も、お洒落は自分のためだけでなく、相手のためということに気づくこと。相手にとって不愉快ではないかを考える。まずは清潔感を大事にする。そして、「自分が着たいかどうか」だけではなく、「似合うかどうか」を意識したいところ。美容室やショップのスタッフに「こういう風に見られたい」などと伝えて、提案してもらうのもよい。

分とは違うような気がした。

あ、でも、食品業界も面白そうだよな。地域限定のお菓子を開発した女性社員のイキイキとした顔がすぐに浮かんだ。あんな仕事ができればいいな。それに、食品は人が生きていくうえで欠かせないものだ。そういえば、小さい頃、単身赴任中の父親が帰宅したときに食卓を囲むのが楽しみだったな。食品は、人々の幸せにもかかわっている。それに、安定性も高そうだ……。

待てよ。安定性も大事だけど、成長しそうな業界も押さえといたほうがよさそうだな。というと、やっぱりIT業界かな？

そんなことを、ボンヤリと考え続けていた。

今ごろ、こんなこと考えてるようじゃ遅いのかな？

大学でも、なかには、すでに志望企業や志望業界を明確にしている学生もいた。そういえば、ネットリンク27のインターン選考で出会った慶光大学の金田は「1年生のときから総合商社に絞っていた」と言っていた。

だいたい、オレって、自己分析ばっかりやってて、世の中にどんな業界があり、どんな会社があるか、ほとんど知らないんじゃないか？[*3]

そう思ったボクは、下北沢駅を降りると書店に立ち寄って、ビジネス書のコー

＊3 自己分析と業界・企業研究は両輪
自己分析の結果、読み取れたことを、業界・企業との出会いを通じて検証して

ナーで『業界・企業マップ』[*4]を買った。

家に帰ってパラパラとページをめくりながら読んでみた。

「いろんな業界があるんだなぁ」と思う一方、何をすればいいのかよくわからなかった。

なんだか、真っ暗闇のなかでひとり立ち尽くしているような気分だった。

そして、本格的な就活は間近に迫っていた。

ナビサイト、ついに本オープン

12月1日――。
ついに、就職ナビサイトが本オープンした。
今日から、本格的に就活が始まる。
もともと数社のナビサイトにはインターンシップのときに登録していたが、
さらに何社かのナビサイトに登録した。
これが、たいへんなんだ。

いく。企業のことを研究すると「やっぱり自分の志向は○○だ」「自分とは違う……」などの感情が湧き上がるはず。これを、自己分析に活かしていく。その結果、より自分に合った業界・企業に気づく。この繰り返しが大事。

＊4 業界企業マップ
業界全体を俯瞰する上で便利。業界全体の規模を把握し、参入している企業やそのポジション、資本関係などが分かる。今後の業界の動向が分かることも。就活用のものもあるが、ビジネスパーソンが使っているものを使うとよい。

登録するために詳細なプロフィールを入れるサイトもあった。「これまでの経験」「所有している資格」「TOEICの点数」「サークル活動の有無」「リーダー経験の有無」……。ひとつひとつチェックしていると、気が滅入ってきた。ほとんどが「なし」だからだ。それだけで、「やっぱ、ダメかな……」なんて気にさせられる。

やっと登録を完了すると、そのとたんに続々と企業からのDMが届き始めた。「就職難といわれてるけど、仕事あるじゃないか?」などと思う。結局、1週間で40社からDMが届いた。

そのDMはタイトルをみるだけでも興味がそそられた。

「30年間増収増益! 東証一部上場! 社会になくてはならないものをつくる会社」

「未来戦略を一緒につくろう! 世界シェアナンバーワン! 知名度は低いが、みんなを支える企業」

「初任給27万円! 成長したいキミがうなる〝働きがい〟がここにある!」

どれもが魅力的で、目移りした。そして、頭は混乱するばかりだった。

だけど、とにかく登録しなくちゃ。そう思って、ナビサイトのトップページに掲載されていた超有名企業とDMのメッセージに惹かれた企業、10社にプレエントリーして、いくつかの企業説明会に申し込んでみた。

しかし、不思議と企業説明会の予約がとれなかった。

特に、人気企業はいつも「満席」「受付終了」と表示されていた。たしかに、実際、多くの学生が応募しているんだろう。だけど、どうにも腑に落ちないこともあった。**企業説明会の予約開始と同時に申し込んでも「満席」**って、おかしくないか？

そんなことを考えながら、ナビサイトを見ているとある告知に目がいった。

週末に、ナビサイト主催で「合同企業説明会」が開催されるというのだ。場所は、東京ビッグサイト。なんと200社もの会社が集結するらしい。参加企業にざっと目を通すと、錚々たる企業の名前が並んでいた。

ボクは、迷わず申し込んだ。

合説なんか、行ってる場合じゃない

朝9時――。

ボクは新橋駅についた。すでに、「ゆりかもめ」の改札にはリクルートスーツの学生が並んでいた。最寄り駅で降りると、さらに驚いた。ビッグサイトに向かう長蛇の列ができていたのだ。

宮崎アニメ『天空の城ラピュタ』の悪役・ムスカなら、こう言うだろう。

「見ろ、人がゴミのようだ」

もちろん、ボクも「ゴミ」の列に加わった。それは、気持ちいいこととは思えなかった。そして、会場に入るまでに1時間半も並ばなければならなかった。

やっと会場のなかに入ると、ヒト、ヒト、ヒト。同じ格好をした学生で溢れかえっていた。

人気企業のブースは人だかりができていて、近寄ることもできない。著名人の講演も行われるが、これは事前予約をしておかなければ参加できなかった。

面倒なこと、このうえない。

一方で、閑古鳥の鳴いているブースもあった。聞いたことのない会社だった。担当者の人が、「どうぞ、お気軽にお立ち寄りくださ～い」と声をかけていたのが痛々しかった。だけど、ボクも、その前を素通りした。

結局、総合商社と、自動車メーカーと、ウェブ広告代理店の３社のブースで話を聞いただけで終わってしまった。

後ろのほうに座ったために、声もよく聞き取れなかった。

何のために行ったんだろう？

疲れただけの一日だった。

「えーーー、ゴウセツなんか行ったんだ？」

その日、バイトが終わってから報告すると、ジミーさんは小バカにしたような声を出した。

「ゴウセツ？」

「合同企業説明会[*5]のことだよ」

「あ、ゴウセツって言うんですか……。でも、そんな言い方ヒドくないですか？

＊5　企業はなぜ合同企業説明会に出るか？
主な理由は母集団形成（要するに学生集めということ）と、認知度アップ。ただ、最近の合説は収拾がつかないほど来場者がいるのでブースは人でごった返し、まともに話が伝わらない状態になる。

企業がターゲットとする上位校学生は、大型の合説に行かないことがデータでも、体感値でも明らかになってきており、学校限定の合説を選ぶ傾向が見られる。

人気企業、大手企業は客寄せパンダになるので、大幅に割引になったり、時には無料でご招待ということもある。それこそ、「付き合いで出ている」という企業もある。

〝前へ進め〟って言ったのはジミーさんじゃないですか?」

「まぁ、そうなんだけどさ。だけど、合説なんて行ってるうちは就活はウマくいかないよ。あれはね、バカと暇人のものなの」

「バカと暇人?」

「そう、バカと暇人だよ。だいたいさ、あれだけ企業と学生が集まって、〝出会える〟と思う?」

「た、たしかに……」

今日、感じた合説に対する違和感を、ズバリ指摘されたような気がした。

「まぁ、でも、合説でたくさんの学生の姿を見ると危機感が高まるから、いい刺激になるってのはあるかもしれない。それに、もしかしたら、これっ!という企業と出会えるかもしれない。何事も可能性ゼロってことはないからね。だから、一回は行ってみるのもいいかもしれないけどね……。だけど、せっかく行くなら、それなりのことはしたほうがいいよね〜」

そう言うと、ジミーさんはいつものようにタバコに火をつけた。そして、唇をすぼませて器用に煙の輪をつくると、こう尋ねた。

「晃彦って、合コン行ったことある?」

「……いちおう、ありますけど？」

「へぇ、やることやってんだね～。で、どうだった？」

「……あんまりいい思い出、ないっす」

「どうして？」

「い、いや……。いい子がいなかったんです。なかには、彼氏のいる子もいたし……。それに、話もすべりまくるし……」

「ああ、目に浮かぶようだね～」

「ちょ、ちょっと、ヒドくないっすか？」

「ごめん、ごめん。でもね、そんなことじゃないかと思ったの。それでね、たぶん、今日の晃彦は、その**〝失敗した合コン〟と同じことやってる**んだと思うよ」

「……というと？」

「だってさ、本気で合コンに臨むつもりだったら、幹事にどんな子が来るのか探り入れない？　大学名やサークル、趣味だけでもわかったら、事前に調べて話題にできるじゃん。

アタシだったら、彼氏がいるかどうかも確認するね。だって、一生懸命アプローチしても、〝ごめんね、彼氏いるの〟って言われたら意味ないじゃん。それに、〝この子いいなぁ〟と思ったら、そばに座って仲良くなろうとするよね？　連絡先を交換して、次に会う約束をとろうとするよね？」

「ま、まぁ、そうですね」

「合説も同じこと。せっかく行くなら、押さえるとこは押さえとかなきゃ。まず、お目当ての企業は事前に決める。そして、その企業について予習をして、質問したいことを箇条書きでメモっとく。ブースではできるだけ前の席に座る。それだけで気分が前向きになるし、心地よい緊張感もある。何より、話がよく聞こえる。それで、必ず質問をする。

　それから、お目当ての会社でも、自分の大学からの採用実績の少ないところだったら、ブースに行くだけムダってものよ。〝彼氏がいる子〟に声かけたってムダでしょ？

　そして、説明会が終わったら、担当者に挨拶をして、今後の採用スケジュールなどの情報を仕入れる。企業説明会があったら、その場で申し込むくらいのことはしなきゃ」

「そ、そうか……」

「当たり前だよ。ボンヤリしてて、彼女ができるほど世の中甘くはない」

「は、はぁ……」

「まぁ、別の攻め方もあるけどね」

「どんな?」

「あえて競争率の低そうな女の子を攻めるのよ。つまり、閑古鳥が鳴いているブースに行くってこと。意外と〝気が合う〟相手かもしれないじゃない? 少なくとも、働いているオトナとゆっくり話すことはできる。就活がうまくいく学生の共通点に、オトナと話す機会が多い[*6]っていうのがあるからね」

「なるほど……」

「まぁ、とにかく、どうせやるなら、頭を使わなきゃ、疲れるばっかりだよ[*7]」

「頭を使う?」

「そう。まぁ、ひらたく言えば、ちゃんと準備するってこと。社会人になってからも、仕事がウマくいくかどうか、その9割は準備にかかっている、ってよく言われてる。そりゃ、そうだよね? ボンヤリ仕事に取り掛かるより、あれこれ作戦を練ってから取り掛かったほうが絶対にウマくいくよ。だから、よく覚えときな。行動する前に、ちゃんと準備する。まぁ、晃彦の場合は、まずは、

＊6 オトナと話す機会
就活でも、その後の人生でも、年上の人とコミュニケーションをとる機会が多い。オトナと会うことに慣れていると、「結論から、簡潔かつ具体的に話す」など、オトナ流コミュニケーションに慣れることができるし、面接でも動じなくなる。

＊7 合説の歩き方
早めに会場に行くか、終了前の数時間の空いている時間に行くこと。お目当ての企業は予習しておき、できれば質問をすること。あえて、興味のない企業、閑古鳥が鳴いているブースに顔を出してみるのもいい。就活仲間同士で連絡先の交換をすることも忘れないで。大学限定のものなどは快適かつ、じっくり話が聞けるのでよいかもしれない。特に大学生協主催の合説は、大手から隠れた優良企業まで参加するのでおすすめ。

〝お目当ての企業〟を見つけることだね」

「は、はい！　ウチに帰ったら、就職ナビで探してみます！」

「ちょっと待って」

「え？」

「ナビで出会えると思ってるの？」

「……どういうことですか？」

ジミーさんの教え⑨

「就活は準備で9割決まる！」

ナビの情報を真に受けるな

「あのね〜、ナビに載ってる求人情報って、広告だって知ってた？」[*8]

「広告？」

「そう、広告」

＊8　就職ナビサイトのビジネスモデル　企業から掲載料をもらうことで成り立っている。写真の数、登場する先輩社員

「知りませんでした……」

ジミーさんは、あちゃ～という顔をしながら続けた。

「まったく、何にも知らないんだねぇ。つまりね、あそこに載ってる情報はすべて、**広告主である企業の都合のいいようにつくられてる**ってことよ」

「は、はぁ……」

「だから、学生はその情報を真に受けたらいけないの」

「そ、そんなぁ……」

「もちろん、ウソは書いてないよ。だけど、書いてあることを額面どおりに受け取っていたらダマされることになる。たとえば、メチャクチャに忙しくて残業だらけの会社だったら、社員に〝仕事に夢中になるから、ついつい時間を忘れてしまうんです〟なんて言わせるわけよ。ナビって、そういう世界なの」

「こ、こわいっすね」

「まぁ、でも、世の中そんなもんだからね……。今から、免疫つけといたほうがいいよ」

「そんなもんですか……」

「ちなみに、晃彦は企業をどうやって探してるの？」


の数、特集ページや応募機能の有無など、オプションにより値段が上がったり、下がったりする。

「えーと、フリーワードで企業名を入れて検索しています」

ジミーさんは、再び、あちゃ〜という顔をした。

そして、こう尋ねてきた。

「じゃあさ、晃彦の知ってる会社の名前、書いてみな」

ジミーさんはＡ４のコピー用紙を数枚もってくるとボクの前に置いた。

ボクは、言われるままに企業名を書き始めた。新聞などで気になっていた企業、普段から商品を使っている企業、ＣＭで見かけた企業……。思いつくままに書いた。だけど、すぐにつまった。結局、書けたのはたったの37社だった。

「もう、おしまい？」

「は、はい……」

「これで、フリーワード検索して、自分にピッタリ合う企業と出会えると思う？」

「……厳しいと思います」

「だよね？　でもね、まずそのことに気づくことが大切なの。**学生は知ってる会社しか、知らない**。変な日本語だけどね。だけど、その〝知ってる会社〟のなかから自分に合う会社を探そうとするから、おかしなことになっちゃうのよ」

「……」

「いい？　日本で**新卒を採用する企業は数万社ある**の。就職ナビだって、最も掲載数が多いサイトには約９０００社弱も載っている。新卒採用している会社は星の数ほどあるのよ。37社って、その何％？　たぶん、０・１％以下よ。要するに、アンタは大海の一滴しか知らないってこと。世界は広いのよ。そして、晃彦にピッタリな会社は絶対にあるのよ」

「そ、そうですね……」

「もちろん、すべてを知るのは不可能だし、数が多すぎて、逆に探すのが難しいという問題があるけどね。まぁ、それは後で話すとして……」

そう言うと、ジミーさんは黒、赤、青のサインペンを取り出した。

ジミーさんの教え⑩

「アンタが知ってる会社は、全体の０・１％以下！」

人気企業がブラック企業?

ジミーさんは、3本のサインペンを使って37の社名に下線を引き出した。多くの企業に赤の線が引かれ、黒の線もぼちぼち引かれていった。青の線はほとんどなかった。なかには、赤と黒の両方が引かれる企業もあった。

「この線の意味、わかる?」

「え〜と、何だろう? 黒はブラック企業とか?」

「よくわかったじゃん! そう、黒はブラック企業よ」

ボクは驚いた。なぜなら、それらの企業は〝人気企業〟だったからだ。ボクも、いい印象しかもっていなかっただけにショックだった。

「もちろん、ブラック企業の定義[9・10・11]はあいまいだよ。だから、人によって判断は分かれるかもしれないけど、アタシの代理店時代の人脈からの情報を総合すれば、これらの会社はブラック企業と言ってもいいわね。

たとえば、このIT企業。企業としては急成長しているけど、とにかく仕事がキツイ。離職率[12]も高い。採用活動もマインドコントロールっぽい感じ。ただ、

＊9 ブラック企業とは何か?
狭義では「法律を破っていて、労働環境が劣悪な企業」と考える。
①法律を破る:サービス残業が日常化している(サービス残業は違法)、法に反する商取引を行っている会社など。
②労働環境が劣悪:仕事の絶対量が多い、人間関係がギスギスしている、人当たりが強くよく怒鳴られる、ノルマなどがきついといった会社。
広義では「労働環境が劣悪」なために離職率が高い企業なども指す。よく「ブラック企業」として語られるのはこちらも多い。

＊10 ブラック企業を見破る方法
人の出入りの激しさ(派手に募集しているが、離職率の高い企業など)、ネット上での評判(検証が必要)、過去に不祥事を起こ

法律は破っていないからグレー企業くらいだけど」

「そ、そうなんですか……」

「だけど、この消費財メーカーは、組織的にサービス残業をしているのよ。何度も社員が労基署にかけこんでるから、〝**真性ブラック**〟と言ってもいいわね。社内の雰囲気も相当ギスギスしてるそうだから、働いている人はほんとにたいへんだろうね……」

その会社って、一部上場企業だよな？　いったい何を信じたらいいんだろう、と暗い気持ちになってきた。だから、話題を変えるために質問をした。

「赤の線はどういう意味なんですか？　ずいぶん、たくさんありますが……」

「あぁ、これね。これはね、**晃彦の大学からだと、まず入れない会社**」

「……へ？」

一瞬、耳を疑った。だって、こんなにあるじゃん？　そんなのってありなの？

「これらの会社は、晃彦の大学を採用対象としていないのよ。ウソだと思うなら、会社の採用実績データを見てごらん。ほとんど採用していないよ」

「え、でも、いくつかの会社では採用していましたよ。もちろん、全部、見たわけじゃないんですけど……」


していてその後に反省のあとが感じられるかどうかなどを参考にする。もっとも、優良企業に入っても、ブラック部署、ブラック上司というものは存在する。大企業の場合、部署によってまったく風土が違い、部門によっては離職者、メンヘルでの休職者多数のブラック部署も。入社後に株主や経営者が変わり、ブラック化するおそれもある。

＊11　ブラック企業と戦う方法
ブラック企業は事前の防衛もそうだが、入ってからの対応も重要。証拠となる事実などをちゃんと保存すること、労基署やＮＰＯ等しかるべき機関に相談すること、早く足を洗うことなどを意識したい。『ブラック企業に負けない』（ＮＰＯ法人ＰＯＳＳＥ、今野晴貴・川村遼平、旬報社）には、ブラック企業入社後の対応法が具体的

「詳しく見た？　たいてい、女子の一般職か、理系の専門職だよ。なかには総合職でも、何年かに一回、ひとりくらい採用している会社もあるけどね。でも、それはイレギュラーなこと。基本的には、採用ターゲットにされていないのよ」

「それって、学歴差別[*13・14]じゃないですか？」

「そうだね……」

「それって、問題じゃないですか？」

「問題だね……」

「おかしいですよ、そんなの……」

ボクは、無性に腹が立った。

だけど、ジミーさんはさらっとこう言った。

「今さら何言ってんのよ」

「へ？」

「日本は、いやどの国も結局、学歴社会なのよ。もちろん、敗者や弱者が成り上がれる国もあるけど」

「そ、そんなぁ……」

「アタシが問題だと思うのは、そんなことオトナはみんな知ってるのに、その

にまとめられている。

＊12　離職率
企業はなかなかオープンにしないが、OB・OG訪問で確認しておきたい。全体では大卒3年以内離職率は約35％程度で推移しているが、業種や企業規模でメリハリがある。もっとも、単にその高低ではなく、理由にも着目したい。

＊13　学歴差別の見分け方
過去の採用実績が参考になる。『就職四季報』（東洋経済新報社）や、各社の採用情報、就職ナビサイトなどには採用実績校が出ていることがある。どんな大学から採用しているかを確認してみる。自分の大学から入社していなくても、同じレベルの大学から採っているかどうかなども参考になる。もっとも、一般職、技術職を含んでいることに注意が必要だ。

キャリアセンターなどで、

現実を隠そうとしていることだよ。それに、ちょっと調べればわかることに、気づかないほうも問題だと思うよ」

「……」

「アンタ、ネットで企業説明会に申し込んでみた？」

「え、ええ」

「予約できない企業あったでしょ？」

「はい」

「あれは、学歴差別だよ。**門前払い**してるの。そんな企業、いっぱいあるよ」

「やっぱり……」

「くやしいよね？　でもさ、そんなに落ち込むことじゃないよ。そんなの、晃彦のことをわかってくれない**バカな企業が一部あるってだけの話**だよ。そんな会社は、こっちから排除すればいいだけの話。それより、青い線を引いた企業を見てみなよ。これは全部、学歴差別のない会社だよ。有名企業のなかでも結構あるでしょ？」

「赤い線の企業のほうが多いですけど……」

「でも、それは晃彦が選んだ、たった37社のなかの話でしょ？　さっき言った

過去の採用実績を見るのもよい。

　学歴差別企業の中には、説明会に参加できない、エントリーシートが絶対に通過しないなどの対応をしている企業もある。こういう場合はコネでもない限り諦めるか、中途での入社を考えるしかない。

＊14　学歴差別の乗り越え方
「意外に優秀」と思われること。そして、自分の所属集団で上位10％に入っていると思われること。上位校の学生は初期段階では優遇されるが、その後は所属集団のなかで優秀かどうかを見られる。その分、一流校ではなくても「優秀だ」と感じられれば、評価は逆に高くなる傾向も。ともあれ、つまらない足切りを避けるために、初期段階の選考（SPIやエントリーシートなど）の対策をしておくべき。

じゃない。世の中には星の数ほど会社があるのよ」

「そ、そうでしたね」

「いい？　世の中には、晃彦のことを買ってくれる会社はきっとある。その会社を探す。それが、就活なんだよ」

「でも、何万社もあるんですよね？　どうやって探せばいいのか見当もつきません」

「そうね。まず、ナビを会社探しの主力にしてはいけない。あれじゃ、誰だって、有名企業を検索したり、トップ画面で目立っている企業やＤＭの届く企業ばかり見てしまう。それに、晃彦の大学をターゲットにしてない企業でも何でも載ってるからね。そんな会社にエントリーしまくって、次々に落とされて疲れ果ててしまうなんてバカらしいよ。もちろん、モノは使いようだよ。いろんな検索機能があるから、いずれそれが重宝するときも来ると思う。だけど、もっと確実な方法があるんだよ。知りたい？」

「も、もちろんです！」

そう答えると、ジミーさんは嬉しそうな表情になった。

「晃彦に教えるのは楽しいね。素直だからね」

そう言うと、意外な質問を投げかけてきた。

「晃彦は、〝青い鳥〟のお話、知ってる？」

「ああ、青い鳥を探しに旅に出たけど、実は家にいたって話ですよね？」

「そう。大切なものは意外に近くにあるものなんだよ。そして、それは就活にも当てはまる」

「どういうことですか？」

「いちばんいい求人情報源は、晃彦がいつもいるところにあるってことよ」

「ん？」

「あいかわらず、ニブいねぇ。大学だよ、大学」

「大学？」

「そうだよ。だって、考えてごらんよ？　大学主催の会社説明会にやってくる企業や大学に求人情報を出してくる企業って、**少なくとも学歴差別はしてないってことだよね？**　つまり、大学に集まる情報は、すでにスクリーニングがかかったものってことだよ」

「……なるほど」

「もちろん、求人票を全国すべての大学に送りつける企業もあるから、全部が全部スクリーニングがかかってるとも言えないけど、ナビで探すよりはよほど効率がいいと思わない？」

「それは、そうですね」

「それにさ、キャリアセンターに行けば、ここ数年の卒業生の採用実績が業界ごとにまとまっているはずよ。それをチェックしてみると、晃彦が知らなくて、“採る気満々”の会社がリストアップできるってわけ。ね？　**大学ほど使える情報源はない**んだよ」

「本当ですね！　さっそく、明日、キャリアセンターで調べてみます！」

「そうしな〜。きっと、驚くほどたくさんの企業が見つかるはずだよ」

ジミーさんの教え⑪
「学歴差別企業は相手にするな！」

業界は、最初は広く浅く、徐々に絞っていく！

「でも、それで、学歴差別企業は排除できるとしても、その後、[*15]どうやって会社を絞り込んでいけばいいんですか？」

「そうね……。それは、いろんな考え方があるんだけど、わかりやすいのはいくつかの[*16・17・18・19]業界に絞って探していく方法だね」

「やっぱり、そうですか」

「うん、ただし、今の段階ではムリに絞り込まないほうがいいわね。最初はできるだけ広く浅く見て、だんだん絞っていくのよ。だって、まだ晃彦は世の中のことがそんなに見えてないから、〝憧れ〟とか〝思い込み〟で絞り込むのはキケン。もしかしたら、ぜんぜん知らなかった業界に興味をもつようになるかもしれないしね」

「は、はい」

「でも、まぁ、重点を置く業界は最低ふたつはもっていたいわね。あまり、あれもこれも見ているだけでも、深まっていかないからね。で、晃彦は気になってる業界はあるの？」

「はい。まだ、あまり調べてはいないんですが、食品業界とＩＴ業界がいいかもな、と思ってます」

＊15　企業探しの裏技

①業界誌などを読む
　市販されていない業界誌には、一般的には知名度がなくても業界内で存在感のある企業が紹介されている。業界新聞もおすすめ。

②人事担当者向けの専門誌を読む
　『人材教育』『企業と人材』『労政時報』『人材マネジメント』など、人事担当者が読む専門誌は、組織の活性化、人材育成、評価制度などに関する特集が多く、風土や待遇面からの企業選びの参考になる。

③見本市
　業界内の見本市に行くと、元気な優良企業に出会えることも。そのイベントのサイトに掲載される参加企業一覧も参考になる。

④地方紙など
　地元で就活したい人はこれらのメディアで、その地域の元気企業をリストアップできる。

「いいかもね。晃彦はマジメだから、縁の下の力持ちで活躍できる業界が向いてるかもな、って思ってたんだ。もちろん、企業によって違いはあるけど、そのふたつの業界は晃彦に合ってるような気がするね」

「ほ、本当ですか？」

「ほんとよ。そのふたつの業界にどんな会社があるか掘り下げて調べてみたら？」

「は、はい」

「ひとついい方法を教えてあげようか？」

そう言うと、ジミーさんはカウンターに置いてあった飲みかけの緑茶のペットボトルを手にとった。「あ、それボクの……」と言いかけたが、ジミーさんは、そんなことには構わず、キャップをはずすとゴクゴクと全部飲んでしまった。

「プハッ！　これ、マイウーだね？」

「……ボクのなんですけど」

「まぁ、いいじゃない。それより、この緑茶は、どういう経路をたどって私の胃袋にたどり着いたかわかる？」

「ど、どういう経路？」

＊16　**業界の規模とステージを意識してみる**
業界研究で、ぜひ意識したいのは「その業界の現在の規模と、今、どのステージにいるのか？」ということ。業界全体の売上高と推移を把握する黎明期・成長期・成熟期・衰退期のどの段階にあるのかを意識したい。今後起こりそうなことに関するハッピーシナリオと、アンハッピーシナリオも考える。一方で、「企業」を選ぶ際には、業界の規模やステージが問題となるとは限らない。衰退期にある業界でも、その中で生き残る企業はある。

＊17　**業態という視点**
業態でみる方法もある。大きく製造業と流通業とサービス業に分けられる。モノをつくるのか、モノを流通・販売するのか、サービスを提供するかの違いだ。

＊18　**「顧客は誰か」とい**

「そう」

「えーと、えーと……、飲料メーカーが商品をつくって、流通業者が運搬して、小売店に並ぶ。それを、ボクが買ってきたのに、ジミーさんが飲んじゃったって経路です」

「う〜ん、50点かな」

「50点？」

「大筋はそのとおりなんだけど、まだまだ抜けが多いからよ。まず、茶葉をつくってる会社があるし、ペットボトルやその素材をつくってる会社、パッケージデザインをしている会社、パッケージを印刷している会社、工場の設備をつくってる会社、CMをつくってる会社などなど、それこそヤマのような会社がこの一本のペットボトルにはかかわってるのよ」

「そ、そうか……」

ジミーさんは紙を広げると、商品ができるまでのタイムラインを縦軸に、「茶葉製造」「マーケティング」「ペットボトル製造」「流通」「広告」などと書き記していった。できあがると、ノートパソコンを立ち上げて「飲料メーカーの名前」と「取引先企業」で検索した。検索結果は膨大だったが、各社の会社概要

う視点
　業界を考えるときには、「顧客は誰か」という視点も大事にしたい。顧客が企業だったらB2B、個人だったらB2C、両方だったらB2B2Cとなる。仕事がダイナミックなB2B企業に注目が集まらないのは就活の永遠の課題。

＊19　業界にこだわらない企業選びも
　もちろん、業界にこだわらずに企業を探していく方法もある。業界内のポジション、社風、海外売上比率、やりたいと思っている職種につけるかどうかなど、業界をこえて横軸でみる方法も。もっとも、業界をみる方法は身につけておいて損はない。

にある取引先一覧がヒットし、飲料メーカーと取引している企業が出てきた。名前の知らない、素材メーカーなどがいっぱいだ。

「ほら、ごらん。こうやって、ひとつの商品から、こんなにたくさんの企業をリストアップすることができるんだよ。もちろん、会社によっては取引先を特定できないこともあるけどね。それで、今度は、一社ずつ調べていくわけ。実は、ここに**〝隠れた名企業〟があったりする**のよ。大手企業と独占的取引をしている企業や、世界トップシェアの企業もある」

「へぇ……面白そうですね」

「そう、**面白い会社はね、あるんだよ**」

「はい！」

真っ暗闇だった就活に一筋の光が差したようだった。

そして、なんか、やれそうな気がしてきたんだ。

ジミーさんの教え⑫

「一商品を掘り下げると、世界が一気に広がる！」

第5章

いい会社って、何だ？

【大学3年 12月】

→ 企業説明会

→ 企業研究

「時代の寵児」あらわる！

急に真っ暗になった。

ザワザワしていた会場は瞬間で静まりかえった。

小気味よい音楽が流れ始めると、正面のスクリーンに映像が映し出された。

「さ、さすが、最先端のＩＴ企業だなぁ……」

ボクは、その映像を食い入るように見つめた。

高層ビル郡を上空からとらえた映像、疾走する車の後部座席で携帯電話で話す社長、イキイキとした笑顔で商談する若手社員……。次々と印象的なシーンが展開された。そして、急に画面が暗転すると、社名が浮かび上がってきた。

「ハイパーブラッキー」

か、かっこいい……。

ボクは、ウェブ広告代理店「ハイパーブラッキー」の企業説明会[*1]に参加していた。

＊1　企業説明会のチェックポイント
①本社開催の場合は、会社

キッカケは、大学のキャリアセンターで耳にした学生たちの噂だった。

「ハイパーブラッキーの説明会、申し込んだ？　すっごいおもしろいらしいよ。辻内社長の話が最高に熱いって」

「オレもその噂、聞いた。絶対にモチベーション上がるっていうから、速攻でエントリーしたよ」

食品業界とＩＴ業界を中心に業界研究、企業研究を進めていたボクは聞き耳を立てた。「ハイパーブラッキー」はメディアで〝時代の寵児〟ともてはやされるベンチャー企業だったからだ。

「説明会か……。行ってみる価値はありそうだな」

ボクは、すぐにキャリアセンターのＰＣで調べてみた。「気鋭の経営者が語る、21世紀を勝ち抜きたいあなたのためのセミナー」。そのページには、イケメン社長・辻内祐二が野心的に笑う写真も掲載されていた。クールなデザインだった。その場で、ボクは予約ボタンを押していた。

映像が終わると会場はライトアップされた。そして、社員による来場者への挨拶が終わると、いよいよ辻内社長の講演が始まった。


から出てくる社員の様子などをチェックすること。土日開催の場合、休日出勤の状況などがなんとなくわかったりする。
②掲示物のチェック。目標の達成度などについて伝える掲示などがあるのは、業績に関するコダワリの強い企業（悪いことではない）
③社員の会話をチェック。
④社長が出てくる場合こそ、具体的なビジネス展開、課題等について聞く。
⑤出てくる社員は選ばれた人なので、「周りの上司や仲間はどんな人なのか」をさりげなく聞く。

颯爽と壇上に上がった辻内は、いかにも〝ちょいワル〟の黒いストライプのスーツを着ていた。サーフィンでもやっているのだろうか？　日焼けした顔にときおり覗く白い歯が清潔感を漂わせていた。

「皆さんは、今の日本に満足ですか？」

おお、いきなり話がデカい。ボクは期待感に胸を高鳴らせた。

その思いに応えるように、大きな身振り手振りを交えながら、辻内社長は熱く語り始めた。

「このままだと、日本はグローバル競争に勝ち残れません。特に、ウェブの世界では国際的な覇権争いが激化しています。ところが、既存の企業は国内シェアのことしか考えていない。そして、世界から孤立してしまっているのです。

だから、私はたったひとりで立ち上がった。世界を相手に闘いたかった。いや、日本のために闘わなければならないと思ったのです。そして、志をともにする同志が、ひとりまたひとりと戦線に加わってくれました。それが、ハイパーブラッキーです。皆さんにも、ぜひ、この戦線に加わってほしい。そして、日本を、いや、世界をともに変えてほしい」

ボクは興奮していた。

こんな、すごいオトナがいるんだ！　しかも、30代後半。そんなに若いのに、これだけの説得力、これだけのビジョン、これだけのバイタリティ！

仕事はキツそうだ。

だけど、こんなリーダーのもとでなら、頑張れるんじゃないか？

そして、〝グッとくる〟仕事をすることができるんじゃないか？

ボクは、この興奮を誰かに伝えたかった。

そして、その日はバイトじゃなかったけど、ＳＭＯＫＥに寄ることにした。

しかし……。

会社は平気でウソをつく！

「ハイパーブラッキー？　辻内？　アハハハ……」

ボクの話を聞いたジミーさんは、鼻で笑うように言い捨てた。

侮辱されたような気がした。

「な、なんなんですか？　何がおかしいんですか？」

思わず、そう噛み付いていた。

「そんなに、怒んないでよ～。気を悪くしたらゴメンね。でもさ、辻内って、いまだに、そんな大ボラ吹いてんのかと思ったら、おかしくってさ」

「大ボラ？」

「そう」

「そんなわけないと思いますよ。だって、あんなに熱く語っていたんです。ボクは辻内さんはホンモノだと思います」

「イタい。アンタ、イタすぎるよ」

ジミーさんは、ウンザリといった表情だった。

「……」

「なんで、そんなに簡単にダマされるかなぁ……。あのね、〝言葉〟はどこまでいっても〝言葉〟なの。**〝言葉〟だけなら、なんとでも言えるの。**だいたい、晃彦は、辻内の言ったことのウラをとったの？」

「ウラ？」

「そう、ウラ。辻内は、〝世界と闘う。世界を変える〟と言ったんでしょ？　じゃ、調べればいいじゃない？　ほんとに世界と闘ってるのかどうか」

そう言うと、ノートパソコンをボクの前に置いた。

「ほら、これでハイパーブラッキーのサイトをよ〜く見てごらんよ」

「はい」

カチカチカチ……。ボクは企業サイトにアクセスした。

「どう？　海外にオフィスはある？」

「……い、いえ」

「海外の企業との提携関係とかある？」

「……いえ、見当たりません」

「ほかのページもよく見てごらん。グローバル展開の実績があるかないか、自分の眼で確かめてごらん」

ボクは目を皿にして「グローバルな実績」を探した。

しかし……、そんなものは何ひとつなかった。

「ないでしょ？」

「……はい」

「アタシ、代理店時代に辻内とは何度か会ったことがあるんだ。才能のあるヤツだと思うよ。あれだけ、口のたつヤツはそうはいないからね。でもね、〝言ってることと、やってること〟が思いっ切り矛盾してんだよ。はっきり言って、口だけなの」

そ、そうなのか……。

「だいたい、〝日本を変える〟とか〝日本発世界のウェブ企業〟とか言ってるけど、結局やってるのは〝媒体ブローカー〟でしょ？　他社の媒体の枠を、広告を出したい企業に売って稼いでるわけよ。それって、〝日本を変えてる〟のかしらね？　そりゃ、いつかは〝日本を変える〟ような企業になるかもしれない。だけど、そう言うのは、そんな企業になってからにしてほしいよね」

「た、たしかに……」

「そりゃ、辻内に共感するところもあるよ。時代状況の見方は、アタシもまったく同感だし、〝世界で闘う〟〝日本のために頑張る〟って志や想いまで否定するつもりもない。

それに、アイツも苦労してるからね。大企業を辞めて根無し草みたいな世界に飛び込んで、借金しまくって必死の思いで会社を切り盛りしてる。だからこそ、いい人材がほしいんだ。それで、**ウブな学生をダマすようなこと**までやっちゃうわけよ」

「な、なるほど……」

「でもさ、これは別にハイパーブラッキーに限ったことじゃないんだよ。就活[＊2]の世界ってウソばっかりだから。会社だけじゃないよ。学生だってそう。みんな、自分をよく見せよう、大きく見せようとばっかりして、**ウソにまみれている**。それで、〝雇用のミスマッチ〟がどうのこうの言ったって仕方ないじゃない。そりゃ、そうなるわよ」

珍しくジミーさんが、マジで怒った顔をしていた。

タバコに火をつけて、プハ〜と煙を吐き出すと話を続けた。

「まぁ、ここで怒っててもしょうがないね。それに、世の中ってのはそういうものかもしれないしね。いずれにしたって、晃彦はそんなウソまみれの就活を戦っていかなきゃならないわけだ」

「は、はい」

「そのためには、〝ツッコミ力〟を鍛えなきゃダメ」

「〝ツッコミ力〟ですか……」

「そう」

そう言うと、レジから赤のサインペンをもってきた。

＊2　採用活動はウソだらけ

①活用されていない制度
新しく導入した画期的な制度は話題になる。でも、新規の制度は、定着させるのも大変だし、利用者もそれほど多くないはず。

②不透明な新規事業
「シニア向け新規事業に参入」などのニュースを採用活動でも打ち出すが、もちろん上手くいくとは限らないし、誰でもそんなものに関わることができたり、立ち上げたりできるわけではない。

③出てくる社員が魅力的
出てくる社員は、見栄えがよくて仕事もできそうだが、当然、こんな人ばかりではない。魅力的な人を総動員するのが採用活動。

④ありえないお給料
「20代で月収40万円も可能」などと言っても、「よほど会社の業績、個人の成績が良ければありえる」ということに注意。

そして、不敵な笑いを浮かべて叫んだ。

「赤ペン攻撃で、フルボッコにするのよ！」

ジミーさんの教え⑬

「会社の言うことを真に受けるな、必ず〝ウラ〟をとれ！」

赤ペン攻撃で、フルボッコにしろ！

赤ペン攻撃？　フルボッコ？

なんなんだ、それは？

そう思っていると、ジミーさんはハイパーブラッキーの採用広告ページの印刷を始めた。プリントアウトされたペーパーをもってくると、カウンターのうえに叩きつけた。

「いい？　**企業情報は、画面で見ちゃダメ**なの。こうやってプリントアウトしたほうがいい。だって、〝あれ？〟と思うことがあったら、その場でメモできるじゃない？　画面だと、〝あれ？〟と思っても忘れちゃうからね。

だから、赤ペンなの。で、〝ちょっと意味わかんないんですけど？〟とか〝ちょっとおかしいんじゃない？〟とか〝また、ウマイこと言っててんじゃない？〟とかってところをチェックしまくるのよ」

そう言いながら、ハイパーブラッキーの採用広告を真っ赤っかにし始めた。ジミーさんが「？」と思ったところに下線を引いて、そのそばに「なぜ、○○なのか？」とか「それって、○○ってこと？」などと書きなぐっていった。

「ふぅ……、さすがハイパーブラッキーね。ツッコミどころが多すぎて、疲れたわ……」

そう言うと、真っ赤っかのペーパーをボクに突き出した。

それをまとめると、こんな感じだ（図表3）。

「どうよ？」

「た、たしかに、疑問点だらけですね……」

「あやしい感じはするよね？　たとえば、〝平均年齢27歳の若い会社〟ってところ。そりゃ、頭の固いオジサンばっかりの会社よりも〝若い会社〟のほうが、いいイメージはあるよね？　だけど、実は離職率が高いためにそうなってるのかもしれない。

しかも、入社2年目でマネージャーってのが、その推測を補完してるわよね。若いうちから仕事を任されるってのはたしかに魅力ではあるけど、さすがに2年目ってどうなのよ？　単に人が定着しないから、仕方なく2年目にやらせてるのかもしれない」

「そうですね……」

「会社のウソを見破る[*3]には、まず、こうやって疑ってみることが大切なのよ」

「は、はい」

「ただし、浅いのはダメ。**深く疑うのよ**」

「深く、疑うですか？」

「そう。〝なぜなぜ攻撃〟で相手を追いつめるのよ」

「なぜなぜ攻撃、ですか？」

「最低でも、〝なぜ？〟を5回繰り返すんだよ」

「どうすればいいんですか？」

「そうね……。たとえばさ、今日、社長本人が説明会に出たでしょ？　そんな会社って、実は珍しいんだよ。そこで、〝なぜなぜ攻撃〟よ。じゃ、行くよ？」

＊3　企業のウソを見破る方法
ウソを見破るコツはデータ、ファクト、ロジックを見るということである。要するに、「具体的なデータはどうなのか？」「例えば、どんな例があるのか？」「ちゃんと筋が通っているのか？」ということである。

特に「数字をチェックする」ということを意識したい。「文章としては正しいが、数字を見るとウソだとわかる」ということがよくある。例えば「グローバル展開を推進します」と言うと、誰でも「いいことだ」と頷くに違いないが、「どこに展開するのか」「誰が担当するのか」「いつまでに展開するのか」「どれくらいのシェアを目指すのか」「どうやって展開するのか」がまったくわからない。

【図表-3】赤ペン攻撃でフルボッコ

気になった部分	理由
初任給28万円	なぜ、こんなに高いのだろう？他の手当などはどうなっているんだろうか？ 30代のモデル賃金はどうなっているんだろう？
平均年齢27歳の若い会社です	上がつかえているのも困るけど、若いのは単に創業して間もないから？定着しなくて、離職率が高いんじゃないだろうか？
入社２年目のマネジャーもいます	若いうちから大きな仕事を任せることは魅力だけど、こんなに若くてマネジャーにできるのはなぜだろう？　人材育成はどうなっているのだろうか？このスピードで出世して、その先にはどんなポジションがあるのだろうか？
選考はたったの2ステップ。最短２日で内定が出ます。	選考プロセスが短いのは魅力的なのだけど、2回の選考で何がわかるのだろうか？しっかり見てくれるのだろうか？
提案型営業、ソリューション営業です	売るメディアは決まっているのに提案型ってどういうことなんだろう？

【なぜなぜ攻撃①】

「なぜ、社長が説明会に出てくるのか？」

↓

「社長しか、その企業にウリがないから」

【なぜなぜ攻撃②】

「なぜ、その企業には、社長しかウリがないのか？」

↓

「企業の独自性・優位性がないから」

【なぜなぜ攻撃③】

「なぜ、企業の独自性・優位性がないのか？」

↓

「社長を含めて、それを考えられる人がいないから」

【なぜなぜ攻撃④】

「なぜ、考えられる人がいないのか？」

↓

「考える力をつける前に退職してしまうから」

【なぜなぜ攻撃⑤】

「なぜ、退職してしまうのか？」

↓

「労働条件が悪いから」

「もちろん、これはあくまでアタシの仮説だよ。でも、**仮説を検証することで真実がわかってくる**のよ。たとえば、ＯＢ・ＯＧ訪問や会社説明会、面接のときに、労働条件について質問したら、その反応の仕方でだいたいのことは〝わかる〟ものよ。あるいは、ネットで検索したら、その企業に関するいろんな書き込みがあるから、それらと仮説を付き合わせれば〝真実〟が浮かび上がってくると思うね」

「なるほど……」

これなら、デキそうだ。

なんだか、大切な「武器」を手に入れた気がした。

「〝なぜ〟を５回繰り返して、会社の真実に迫れ！」

企業の魅力は「4つの項目」で整理しろ！

「いい？　これからは、〝気になる会社〟に出会ったら、すべて〝赤ペン攻撃〟と〝なぜなぜ攻撃〟のダブル攻撃をお見舞いするのよ？」

「はい！」

「それで、だ。実は、これは、言ってみれば〝肩慣らし〟みたいなもんなのよ」

「え、そうなんですか？」

「そう。このダブル攻撃で、ハシにもボウにもかからないインチキ会社は排除できる。だけど、この攻撃をクリアした会社については、さらにやるべきことがあるの」

「それは何ですか？」

「その会社の魅力を4つの項目[*4]で、きちんと整理することよ」

「どんなふうにすればいいんですか？」

「今、実際にやってみせるから待ってて」

そういうと、ジミーさんはパソコンに向かい、「ここは、なかなかいい会社

＊4　4つの魅力
①組織の持つ魅力：経営者がどんな人か、設立して何年か。業績の伸び、平均年齢、職種別構成比率、事業領域、顧客企業の特徴、直販か代理店販売かなど。

だと思うんだけど……」と言いながら、「人材広告会社　アールジャパン」のサイトを立ち上げた。そして、その主だったページを印刷して、再び赤ペンを片手に掲載情報をチェックしていった。どうやら、重要な情報に印をつけているようだ。

一通りチェックが終わると、今度は、それをもとに表をつくり始めた。

「よし、できた。まぁ、会社のサイトから書き出しただけだから、まだまだざっくりだけどね」

そう言って、ジミーさんはペーパーをボクの前に置いた。それは、こんな表だった（図表4）。

「へぇ……、こうして一覧表にすると、スッキリとしてわかりやすいですね」

「そうでしょ？　会社の魅力っていろんな要素があるから、ボンヤリと頭のなかで考えているだけだと、よくわからなくなってくるのよ。だから、こうやって整理するの。

たとえば、アールジャパンだったら、利益率も業界シェアもいいから業績のよさはよくわかるね。仕事も任せてもらえそうだから、力もつけられるだろう。ただ、その分、仕事は厳しそうだ。仕事は自分でつくらなきゃならないし、協

②仕事自体の魅力：どんな業務が任されるか、キャリアパス、どんなスキルや経験が身につくかなど。
③風土としての魅力：経営者との距離、上下関係、男女の差があるか、管理職の男女比、仕事の任せ方、仕事への取り組み方など。
④待遇条件の魅力：給与、各種手当、評価の仕方、研修の特徴、表彰制度、勤務地、休暇、持株会など。
（『面接の強化書』（岩松祥典、翔泳社）を元に作成）

調しながらも競争を強いられる。でも、そのかわり、給料はかなりいいよね？　とはいえ、転勤はひんぱんにあるかもしれない。まぁ、そんなふうにこの会社のメリット、デメリットを考えていくってわけ」

「なるほど……」

「こんなの、ぜんぜん難しいことじゃないよ。

特に、①組織の持つ魅力と④待遇条件の魅力は簡単。利益率とか、業界シェアなどの数字や、会社が実施している制度をきちんと押さえればＯＫ。

まぁ、②仕事自体の魅力と③風土としての魅力はちょっと手がかかるけどね。会社紹介の記事や社員インタビューなどから読み取っていかなくちゃならないからね。

そして、その会社に関するニュース記事や書籍で調べた情報や、ＯＢ・ＯＧ訪問などで得た情報でどんどん肉付けしていけば、どんどんその会社のことが明確になってくる」

「面白そうですね！」

「いい？　**情報は必ず整理する**。このことを、よく覚えておきな。この一手間をかけることで、企業理解がグッと深まるんだ」

【図表-4】アールジャパンの「魅力」

組織の持つ魅力	・利益率20%以上 ・業界シェア1位 ・社長が40代 ・平均年令31歳 ・独自の求人広告手法 ・創業35年で様々な困難を乗り越えてきたこと ・莫大なキャッシュによるM&A戦略 ・これから海外展開を推進するモード
仕事自体の魅力	・求人メディアの提案営業ができる ・顧客企業の管理職以上の人と会って仕事をすすめることができる ・経営者と会う機会も多数 ・制作担当、編集担当などを巻き込んで仕事をするので、営業でも広告制作について意見を言うことができる ・権限が大胆に任される
風土としての魅力	・「さん」づけで呼び合う風土 ・仕事は自分で作る風土 ・競争と協調の風土
待遇条件の魅力	・初任給が20万円代後半 ・オフィスは六本木の高級ビル ・全国に転勤の可能性あり ・成長のための休職制度などユニークな制度 ・長期休暇あり

※『面接の強化書』（岩松祥典、翔泳社）をもとに作成。

「はい！　やってみます！」

ジミーさんの教え⑮

「ボンヤリ考えるな。情報は必ず整理しろ！」

「いい会社」って何だ？

「ところでさ、いい会社って結局なんだと思う？」

「いい会社、ですか……」

ボクは、この言葉を何度も使っていたが、改めて聞かれるとよくわからなかった。もしかすると、周りの人やメディアの評価を、受け売りしていただけだったのかもしれない……。

「えーと……」

「アハハハ。答えは急がなくていいよ。ゆっくり考えてみな」

そういうと、ジミーさんはパソコンや赤ペン、散らばったペーパーなどを片付け始めた。そして、コーヒーをいれてもってきてくれた。

「どう、わかった？」

「は、はい……。さっきの4つの項目のすべてが優れている会社でしょうか？」

「アハハハ、そりゃたしかに〝いい会社〟だね。でもさ、そこって、どこ？」

「……」

「あのねぇ、拍子抜けするかもしれないけど、そんな会社なかなかないよ。あったら教えてほしいくらいだわ。だいたいね、この4つの項目にデコボコがあるのがフツーなの。それは、このワークをやってみたらよくわかるはずだよ。この項目はいいけど、この項目はちょっとキツイな……、とかね」

「そ、そんなもんですか……」

「そりゃ、そうだよ。会社も人間とおんなじだよ。いいところもあれば、悪いところもある。**要はバランス**なんだよ」

「バランス？」

「そう。たとえばさ、〝給料よりやりがいが大事〟とか言って、事業の社会性にばかり注目する学生もいるよね？　だけど、実際に就職してみたら、生活があまりにも苦しくて続かない、なんて話をよく聞くよ。たしかに、〝やりがい〟

は大切だし、誰だって社会に役立つ仕事はしたい。だけどね、生活していくにはお金もある程度は必要でしょ？

あるいは、〝給料のいい有名企業に行きたい〟って学生もたくさんいるよね？ところが、就職してみたら、官僚的な組織でぜんぜん自由に仕事ができないなんてこともある。それで、こんなはずじゃなかった、なんて言って辞めちゃうのよ。やっぱり、給料だけじゃなくて、どんな仕事ができるのかも見ておかなくちゃダメってことだよね」

「は、はい……」

「だから、〝要はバランス〟なのよ」

「なるほど……」。

「ただ、強いて言うなら、この4つの項目のなかでは〝組織風土〟[*5]がいちばん大切かな……。職場の空気になじめないと、どんなに他の条件がよくても続けられないからね」

「そうですよね。ブラック企業なんかに行っちゃうと、たいへんですもんね？」

「そうね。たしかに、ブラック企業は避けたほうがいいよね。ただね、実は、それも考えようなのよ。グレー企業くらいだったらありかも」

＊5　企業と空気
日本人は〝空気読みすぎ〟と批判されるが、空気を読むことが組織で働く上で期待されるのも事実。空気が肌に合わないと精神的にも肉体的にもつらい状況に追い込まれるから、社風を味わうことこそ重要。そのためにも、できるだけ社員との接点を持つこと、商

「どういうことですか？」

「鍛えられるからよ。最初に入った会社がグレーくらいのブラック企業だったから、次に行った会社で多少ツラい目にあっても大丈夫だってことでメキメキ頭角を現した人もいるんだよ。そういう意味では、ブラック企業だって〝いい会社〟なのかもしれない」

「う〜ん、そうですか……」

「困惑させちゃったかな……。でもね、結局のところ、**〝いい会社とは何か？〟という問いに対する〝正解〟ってないの**よ」

「え、ないんですか？」

「そう。万人に当てはまる〝正解〟はないってこと。だって、そうでしょ？　人によって価値観はバラバラだからね。ある人にとっては〝給料が多少低くてもやり甲斐のある仕事ができる会社〟が〝いい会社〟だろうし、ある人にとっては〝やりがいはそこそこでもとにかく給料の高い会社〟が〝いい会社〟かもしれない。つまり、〝いい会社〟は人によって違うのよ」

「そ、そうか……」

「だから、〝いい会社〟って言葉にダマされちゃダメ。そんな会社はないの。


品・サービスなどを通じて企業を味わうこと、企業の歴史を深読みすることなどが大切だ。

あるのは、〝晃彦にとっていい会社〟なの。そして、その〝いい会社〟とめぐり合うためには、晃彦自身が〝自分にとって何が大切か〟ってことを考え続けなきゃいけない。これ、ものすごく大事だから、よ〜く、覚えとくんだよ」

「は、はい！」

*

部屋に帰ると、ボクはパソコンを立ち上げた。

そして、「ハイパーブラッキー」をグーグルで検索した。

「よく検索されているワード」を見てビックリした。

「ハイパーブラッキー　ブラック」

2ちゃんねるにもスレッドが立っていた。「業績悪化」「借金だらけ」「過酷な営業」「高い離職率」……。もちろん、2ちゃんねるの情報を鵜呑みにすることはない。だけど、火のないところに煙はたたないはずだ。

今度は辻村社長について検索してみた。

「ハイパーブラッキー　辻村　詐欺」

ボクは愕然とした。「ゴリ押しの名人」「経歴盛り過ぎ」「詐欺師、カネ返せ」

……。気分が悪くなりそうだった。

そして、自分がいかに甘かったか猛反省した。

自分の目でモノをみて、自分の頭で考える——。

このことを肝に銘じたのだった。

翌日——。

ボクは、1冊のノートを買ってきた。そして、表紙に「就活ノート」とサインペンで書いた。自分に対する気づきや企業情報など、就活に関する情報を1冊のノートに整理していくことにしたのだ。

ジミーさんの教え⑯

「〝自分にとって何が大切か〟を考え続けろ！」

第6章

片思いじゃ、ダメなんだ。

【大学3年1月〜3月】

→ OB・OG 訪問

→ エントリーシート

ボクだけの「就活ノート」

年が明けると、就活はいよいよ全開モードに入っていった。

企業研究、企業説明会、セミナー……。

大学では授業の合間を縫ってキャリアセンターに行って、情報収集に励んだ。SMOKEでのバイトは少し減らしてもらったが、それでも週の2～3回は通っていた。そうそう、「新聞社説書き写しワーク」も続けていた。もっとも、ジミーさんに提出することはなくなっていたが……。

とにかく、忙しかった。生まれて始めて、というくらいの目まぐるしさだった。でも、なんだか充実感があった。前に進んでいる、という実感があったからだ。「もしかして、オレも成長できてるのかな?」。そんなことを思うこともあった。


就活ノートは次々と埋まっていった。

ジミーさんに教えてもらった方法で、食品業界とIT業界を中心にいくつかの業界で、学歴差別のなさそうな企業をピックアップ。それらの企業の魅力を表にまとめて整理していった。

ジミーさんの言うとおりだった。企業の4つの魅力のすべてを満たす企業というのは見当たらなかった。どこかがよければ、どこかがイマイチ。そういうものだった。

自然と、考えさせられた。

「オレは何を大切にしたいんだろうか?」

「オレが力を発揮できるのってどんな会社だろう?」

「オレは、いったいどんな仕事がしたいんだろう?」

そんなことを頭に置いて日々の生活を送っていると、いろいろなことに気づかされた。

たとえば、SMOKEでお客さまに「ありがとう」って言ってもらえたときの嬉しさ。もちろん、これまでも、そんなふうに言ってもらえるのは嬉しかったけど、「仕事をして感謝されるのって、スゴいモチベーションが上がるな」「お客さまと直接接するのってたいへんな面もあるけど、とってもやりがいのある仕事だな」などとしみじみと考えさせられた。そして、「オレは、そんな仕事がしたいんじゃないかな?」と気づかされるんだ。

それから、ジミーさんに指摘されるまで自分では気づかなかったけど、グラスをひとつひとつ丁寧に磨くといった仕事をコツコツやるのが苦痛じゃないどころか、結構好きなことにも気づかされた。磨いていること自体好きだったし、すべてのグラスがピカピカになっているのを眺めるのがとっても楽しかった。小さな頃から、「縁の下の力持ち」の役回りしか回ってこない自分が好きになれずにいたけど、実は、そういう仕事をやってるほうが気分がいいのかもしれない。それって、悪くないよな……。それどころか、「そんな自分を大切にしたいな」なんて思ったりもした。

そして、ボクは、そうした気づきもどんどんノートに書き留めていった。

あっという間に3冊になっていた。

そして、ノートたちに、なんとも言えない愛着を感じるようになっていた。

「OB訪問」でグッとくる！

手探りではあったが、少しずつエントリーする企業がリストアップされていった。数えてみると、全部で約30社にまで増えていた。食品業界とＩＴ業界を中心に、その他の業界からも気になる企業をピックアップした。そのほとんどが大企業だった。

「最初は広く浅くみるように」とジミーさんに言われていたから、食品・ＩＴ業界以外も目配りしたが、調べれば調べるほど、食品業界とＩＴ業界に魅力を感じるようになっていた。

「食」は、なんといっても、人が生きていくうえでなくてはならないものだ。そして、おいしいものを食べると人は幸せを感じ、一緒に食卓を囲むことでつながりが深まるものだ。このような、人々の生活や幸せを縁の下で支える仕事というのは、とっても自分に合っているような気がした。

ただ、必需品だからといって必ずしも安定した業界というわけではないことも知った。人口が減るということは、胃袋が減るということにほかならない。つまり、国内市場は縮小する運命にあるわけだ。そのため、積極的に海外に打って出なければならない。これは、ボクにとっては不安材料だった。というのは、英語も話せなければ、海外旅行すら行ったことがなかったからだ。

ＩＴ業界も魅力的だった。以前ほどではないが、まだまだ成長著しい業界だ。しかも、ＩＴはすでに社会のインフラとなっており、人々の生活を縁の下で支える仕事といえる。特に、自分に向いてそうだと思ったのが、企業向けにシステムを開発・納品しているＢ２Ｂ型の企業だった。安定性も高そうだし、マジメな社風の会社が多いようにみえた。

ただし、これらはあくまで企業サイトや情報誌などの情報に基づく〝イメージ〟に過ぎなかった。会社説明会にも足を運んだが、もっと〝生〟の情報に触れなければ〝真実〟には触れられないような気がした。

そこで、ボクは大学のキャリアセンターに行って「ＯＢ・ＯＧ名簿」[*1]を見てみた。すると、そこには、ずっと気になっていた大手飲料品メーカー、カントリー・ビバレッジのＯＢの名前があった。近藤真二さん。日東大学商学部を５

＊１　ＯＢ・ＯＧを探す方法
①大学の同窓会会員名簿・データベース
②キャリアセンターのＯＢ・ＯＧ名簿
③人事部に電話をし、紹介を依頼する
④ゼミ、サークル、アルバイトなどの先輩にお願いする
⑤会社説明会などで会った社員にお願いする
⑥ゼミの指導教官から紹介してもらう
⑦家族、親戚に頼る
⑧Ｆａｃｅｂｏｏｋで探す
⑨各種記事で社員をリストアップしてアプローチする
⑩学生も参加可能な社会人のイベントに参加する
⑪企業の前で昼休みに出待ちして、お願いする（その日突然ではなく、別の日に会うことをお願いする。

年前に卒業していた。「相手にしてもらえるだろうか？」「おっかない人だったらどうしよう？」「的外れな質問をしてしまうんじゃないだろうか？」……。いろんな不安がよぎったが、思い切ってカントリー・ビバレッジに電話をかけた[*2]。

「お忙しいところ、失礼します。日東大学の斉藤と申します。営業三課の近藤様はいらっしゃいますか？」

声がちょっと震えていた。

すぐに取り次いでくれた。断られたらどうしよう……。そんな心配をしていたが、電話に出た近藤さんはビックリするくらい簡単に「いいですよ」と言ってくれた。なんだか、肩透かしを食ったような気分だった。そして、さっそく、翌日のお昼に時間をいただけることになった。

ボクは15分前には指定された本社ビル1階のロビーについた。もちろん、スーツを着てきた。ずっと、立って待っていたけど、「どんな人が働いているんだろう？」と気になってキョロキョロしていた。ロビーは、ビシッとしたビジネスマンが行きかっていた。立ち話をする姿もかっこよかった。そして、そ

＊2　OB・OG訪問の心得

①相手の忙しさを考慮する（特に月初・月末、期初・期末など）
②相手をどこで知ったか、OB訪問の目的、自分が何ものであるかを伝える
③日程は相手の都合を最優先
④事前に業界・企業について調べておく
⑤その人について分かることは調べておく
⑥その企業の直近のニュースに目を通しておく
⑦質問を考えておく
⑧逆に質問されることを想定しておく（なぜウチの会社に興味を持ったのか、どんな学生生活を送っているのかなど）
⑨早めに行く
⑩基本、スーツで行く
⑪流れを考えておく
⑫メモをとる
⑬相手が不愉快なことをしない（大勢で押しかける、無理なお願いをするなど）

の様子を見ているだけで、緊張が高まってきた。

時計を見ると、間もなく約束の時間だ。電話で聞いた声は穏やかそのものだったけど、なんせ大企業の営業マンだ。きっと、押しの強い人なんだろう。頭の回転も速いだろうし、弁も立つだろう。ちゃんと受け答えできるかなぁ……。

そんなことを思っていると、声をかけられた。

振り向くと、気弱な感じのまじめそうな若い男性がいた。

「斉藤君ですか？　近藤です。わざわざ来てもらって悪かったね」

へっ？　ぜんぜんイメージと違った。一瞬、戸惑ってしまった。

「あ、あの、日東大学の斉藤です！　今日は、お忙しいところ、ありがとうございます！」

そう挨拶をすると、近藤さんはニッコリ笑った。そして、「じゃ、お店に行こうか？」と歩き出した。

オレも営業マンになれる？

定食屋に入って注文をすると、「聞きたいことどんどん聞いてね」と近藤さんは言った。

ボクは、事前に準備してきた12の質問[*3]をメモしたノートをカバンから取り出した。そして、次々と質問していった。それに、近藤さんはひとつひとつ丁寧に答えてくれた。ボクはそれを必死でメモにとった。

興味深い話ばかりだった。

近藤さんが、担当しているのは大手スーパーの店舗への営業だった。定番商品を扱うのはもちろん、新商品や季節限定商品をいかに売り込むかに知恵を注いでいるという。店頭のスペースは限られている。そこで、ライバル会社との熾烈な競争を繰り広げているのだという。

「はじめの頃は、店舗の担当者に相手にされなくって苦労したよ。〝また、来たの？〟とか言われて、〝今忙しいから、また今度にして〟と追い返されたり。ブランド力のある会社だから、もうちょっと楽かと思ったけど、そんなに甘くなかったね」

「そ、そうですか……。どうやって、克服されたんですか？」

「とにかく、**人間として信頼してもらうしかない**と思ったんだ。だから、コツ

＊3　質問について
事前に12個くらい考えておく。「業界・企業・仕事の中身」「働き方、社風」「選考に関するもの」などに分けて考えるとわかりやすい。
特に本人にしか聞けないこと、例えば具体的な仕事の中身、ニュースになった新商品・新サービスや新制度などの実態、社風、その企業らしさとは何か、その企業で優秀だと言われる人はどんな人か、その企業に入社した決め手などを聞く。

コツと通いつめたよ。そして、絶対に約束は破らないって決めた。だけど、これが簡単じゃないいんだ」

「ど、どうしてですか?」

「たとえば、売れ筋の商品を○日までに100本用意してくれって頼まれたとする。ところが、売れ筋商品だからそういう注文が会社にはヤマほど来てるわけじゃない? ときには、社内で商品の〝奪い合い〟にもなる。ここで商品を確保できなかったら、結局、その担当者との約束を破ってしまうことになる」

「な、なるほど……」

「だから、社内でも信頼関係をつくっておくことが大切になるんだ。日ごろから在庫管理の人や生産担当の人とツーカーの仲になっておけば、いざというときもなんとか対応してくれたりする。

だから、営業の仕事って、結局、どれだけコツコツと信頼関係をつくっていけるかが勝負なんだって思うよ」

そうなんだ……。ボクは営業職って、てっきり〝口八丁手八丁〟の世界だと思っていた。だけど、近藤さん自身、まったくそんな感じじゃない。スゴくマジメな人だ。そして、何度も「コツコツ」という言葉を繰り返した。それなら、オレにもできるんじゃないか。そう思うと、ワクワクしてきた。

「あの、お仕事でいちばん夢中になれるのはどんなときですか？」

「それは、やっぱり、自分が考えた〝売り場提案〟が採用されて、売上げが上がったときだよなぁ」

「た、たとえば？」

「そうだなぁ……。実は、ある町のスーパーはずっとウチの商品を扱ってくれなかったんだ。それで、地域のことをいろいろ調べてみた。すると、最近マンション建設ラッシュで子育て世代が増えてることがわかった。それで、ひらめいたんだ。アニメキャラをパッケージにしたウチの商品を子どもの目線に合う位置に置けば絶対に売れるって」

「なるほど……」

「それで、そのスーパーに通いつめたんだ。最初は渋ってたけど、何度も提案するうちに〝1週間で結果が出なかったらオシマイ〟という条件付きでＯＫが出たんだ。そして、フタを開けたら大当たり。それからというもの、そのスーパーはボクの上得意になってくださった。あのときは、嬉しかったなぁ」

お、面白そうだ！　スゴく、グッときた。

心配だったこともぶつけてみた。

「あの、今、国内市場は縮小傾向ですよね？　御社も海外展開を進めていらっしゃいます。英語力や海外経験は不可欠でしょうか？」

「よく勉強してるね？　そのとおりなんだ。だけど、必ずしも英語力とかはなくてもいいんじゃないかな。だって、海外で活躍している先輩がいるけど、その人も入社してから英語の勉強やったたって言ってたし。だいたい、ボクも今、勉強しているところなんだ」

そう少し恥ずかしそうに微笑むと、こう付け加えた。

「それより、まずは国内でしっかり仕事の基礎を身に付けることじゃないかな。そのためには、ツライことがあっても負けないで、コツコツと頑張る姿勢が大切だと思うよ。会社もそういう人を大切にしてるみたいだし……」

1時間は、あっという間に過ぎた。

聞けなかった質問もたくさんあった。だけど、ボクは満足だった。やっぱり、〝生〟の声を聞くのは大切だ。近藤さんと一緒に働いてみたい、と思った。そして、カントリー・ビバレッジという会社がより魅力的に感じられてきた。

お礼を言うと、近藤さんは、「少ししか時間がなくてごめんね。また聞きたいことがあったら、いつでも連絡してね」と言いながら伝票を手にすると立ち上がった。

「ごちそうさまでした！　ありがとうございました！」

お店の外で、もう一度お礼[*4]を言った。

近藤さんは、ニッコリ笑いながらこう言ってくれた。

「就活頑張ってね。応援してるよ！」

ボクは、近藤さんの後ろ姿をずっと見つめていた。

エントリーシートは苦行プレイ？

3月に入ると、一部の企業ではエントリーシートの受付が始まった。ナビで調べると、あのカントリー・ビバレッジの締め切りが3月20日となっていた。あと2週間くらいしかない……。

ボクはさっそく、カントリー・ビバレッジのエントリーシートを開いた。難

＊4　**お礼メール**
出来ればお礼状がいいが、メールでも構わない。長くてもＡ４で半ページ〜１枚程度の分量で。具体的にその時に感じたこと、学んだことなどを書くとよい。

とにかく、社会人に会いなさい！

就活がうまくいかないのは、社会人に会わないから！

暴論だ！　って言われるかもしれないけど、アタシはこう断言するね。だって、学生が社会や会社のことなんてわかるわけないじゃない？　だったら、先輩に聞くのが一番！

社会人に会うのは、いいことづくめよ。社会人とのコミュニケーションにも慣れることができるし、マナーだって分かるし、度胸もつくわ。会社に入るためのヒントだってわかる。会話を通じて、自分の意見も明確になるわけよ。

ところが、やった方がいいに決まっているのに、**6割の学生は社会人訪問をまったくしない**と言われているわ。逆に言えば、ここは力の入れどころ！ってこと。

何人の社会人に会えばいいかって？　そうね……、20人くらい会えばいいんじゃない？　そうすれば、就活はたいていうまくいくわ。え？ なに？ 大変そうだって？　もう、バカね。「大変そうだなぁ」って思うことを乗り越えるから、成長できるし自信もつくんじゃない。

でもね、20人会うのは意外と簡単よ。コツは、会った人から紹介をもらうっていうこと。「こんなご同期はいらっしゃいますか?」ってお願いしてごらん。先輩も就活で苦労していたりするし、学生さんのことをかわいいって思うから、きっと応援してくれるよ。

ただし、似たような人とばっかり会ってちゃダメ。いろんな人に会うこと。競合する企業の社員に会ってみると、社風や仕事の進め方の違いを体感できる。いろんな年次の人と会うのもいいわね。入社3年目くらいまでの社員は就活の記憶もまだ残っているから、その企業に入るためのポイントなんかも聞けるし、5年目~10年目くらいの社員は、大きな仕事や異動なんかも経験しているから、その企業で働く醍醐味とか、どんな風に成長していけるかがわかるだろうね。

忘れちゃいけないのは、**会う前にしっかり予習する**こと。だって、その人や勤めている会社について調べていった方が具体的な質問ができるじゃない? 特に、「○○さんはどんな就活をしたのですか?」「○○さんがこの企業に決めた、決め手はなんだと思いますか?」という質問は有効ね。その人はアナタの志向性と近い可能性があるから、その会社のほかに受けた企業なども教えてくれるかもしれないし、「その企業に決めた理由」を知れば志望動機を深めることができるじゃない。

さぁ、さっそくアポをとりなさい。行動はすぐに起こす! これも就活の基本よ!

問だらけだった。就活の三大質問「自己PR」「志望動機」「学生時代に力を入れたこと」はもちろん、「商品企画書」「将来ビジョン」などなどいくつもの記入欄があった。しかも、プロフィール欄には、「もっている資格」「サークル活動」「海外経験の有無」などをチェックする必要があった。

急に自信がなくなってくる。人気企業だ。膨大な数のエントリーシートが集まるんだろう。そのなかで、このボクが通過できるような気がしなかった。

でも、そんなことを考えている場合じゃない。ボクは、近藤さんと話をしたときの気持ちの高ぶりを思い出して、「前に進むんだ」と自分に言い聞かせた。

そして、パソコンに向かった。筆は進まなかった。特に鬼門だったのが「志望動機」だった。よくよく考えると、「志望動機[*5]」って何なのか、わからなくなってくるのだ。

オレが志望する動機だろ？　つまり、「入りたい理由」を書けばいいってことだよな？

そう考えて、とにかく書いてみた。こんな感じだ（図表5）。

いちおう、自分の言葉で書いたつもりだ。一生懸命、考えた。誤字脱字[*6]がないかも、何度もチェックした。

＊5　志望動機とは何か？

そもそも採用活動は、企業側の論理で言えば「来たい人」ではなく「欲しい人」を採る行為だ。「来たい」という理由を上手く言えるだけで選んではいない。実際、志望動機を聞かずに選考する企業はある。

ところが「入社意欲」と「志望動機」を勘違いしている人が多すぎる。「この企業で働きたい」という気持ちが先行して「好き」ということを延々と語っているだけなのだ。さらに、「業界・企業説明」と志望動機を勘違いしている人も。

志望動機は本人と企業の過去・現在・未来を重ねる行為とも言える。入社してイキイキと活躍してハッピーなイメージがわくかどうか。これにコダワリたい。「なぜ、その企業なのか」「なぜ、その仕事なのか」「自分が活躍できる理由」をじっくり考えたい。

【図表-5】カントリー・ビバレッジの志望動機①

【当社への志望動機を教えてください】

私は、幼い頃から貴社の飲料が大好きでした。特に、高校時代には、気の合う友だちと下校時にコンビニで買って、あれこれ話しをするのがたいへん楽しみでした。

自己ＰＲ欄にも書きましたが、学生時代は下北沢のカフェでアルバイトに勤しみ、食べ物や飲み物が、いかに人々を幸せにするかを間近で見ていました。その場でも、貴社のアルコール飲料やソフトドリンクは人気があり、人々を幸せにしていると思いました。就活中も貴社製品で元気をチャージしています。

「衣食住」と言われるように、食品は私たちの生活になくてはならないものです。私は、この食を通じて世の中の人々を幸せにしたいと考えています。

ＯＢ訪問で貴社第三営業部の近藤真二さんとお会いし、とても惹かれました。仕事に対する熱い想いをもっていらっしゃり、このような方と一緒に働きたいと考えました。また、近藤さんは、「営業で大切なのはコツコツ信頼関係を築くこと」とおっしゃっていました。地味な仕事をコツコツやるのがモットーの私を最大限に生かせる会社だと確信しました。

カフェでのアルバイトで磨いた接客スキルも活かしながら、営業担当者として活躍したいと思っています。

そして、プリントアウトしたものをもってSMOKEに向かった。もうそろそろ閉店時間だ。ジミーさんに見てもらおうと思ったのだ。

これじゃ、ストーカーの手紙だよ！

店に着くと、ボクはさっそく、エントリーシートを見せた。

「どれどれ？」

しばらく読んでいたジミーさんは、顔を上げた。その顔には、まるで「残念」と書いてあるようだった。

「……晃彦、**これじゃストーカーだよ**」

「ス、ストーカー？」

な、なにを言い出すんだ？

「なんか、この志望動機、まるでストーカーから毎日届く、気持ち悪いラブレターみたいだよ」

「そ、そんなにヒドイですか？」

***6 誤字・脱字**
もちろん、オトナでも誤字・脱字はあるし、PCや携帯に慣れてしまい漢字を書くのが苦手な人も多数なのだが……。選考において、誤字・脱字があるとガクッと評価が下がってしまうことも事実。感動エピソードを書いていて、決め台詞に誤字・脱字があると脱力してしまう。選考とは「仕事ができそうな人」をとる場。仕事とは正確さが求められるし、相手に対する配慮も必要。

「ヒドイなんてもんじゃないね」[*7]

ジミーさんは、実にあっけらかんと、こう言い放った。

ボクはうな垂れるばかりだった。

「あのさぁ、もう一回読み直してみなよ。要するに、〝**御社が大好きです**〟っ**てことしか書いてない**でしょ？　そんなの誰にでも書けるじゃん」

「……」

「だいたいさぁ、好きなだけだったらファンでいたほうがいいよ。これからも一生、この会社の製品を飲み続ければいい。そうすりゃ、お互いにハッピーじゃない？」

「そんなぁ……」

「それにさ、この志望動機だけ見たら、**どこに出したエントリーシートかわかんないよ？**　だって、近藤さんの名前だけ入れ替えたら、どこの食品会社にも当てはまるような内容じゃん。要するに、〝とにかく食品業界に入りたい〟としか言ってないわけ」

た、たしかに……。

「これね、最も通らないパターンなんだよ」

＊7　激甘志望動機
学生は「いけてる」と思っていても、面接官にとって何の魅力も感じないのは、次のような志望動機。
「地域の中小企業、個人に貢献したいです」→地銀、信金、その他、地方の企業志望者に多い。で、その地域ってどんなところ？どんな顧客がいるの？ということを考えていないと、まるで説得力がない。
「社員が魅力的」→具体的に何が魅力的なのか、その背景にあるものは何なのかを語れないと説得力がない。社員の印象は大事な判断基準だが、採用活動で出てくる人は見栄えのよい人なのでこれだけで判断するのは危険。
「ずっと貴社の製品が好きだった」→好きなだけならファンでいた方がいい。ビジネスとしてどう捉えているかなどの視点が大事。

「……」

「だって、自分の都合しか書いてないんだもん。〝好きです〟〝入りたいです〟って。だから、ストーカーみたいだって言ったのよ。こういうの読まされる採用担当者の気持ちになってごらんよ」

「……」

「カントリー・ビバレッジだったら、たぶん5万通くらいのエントリーシートが届いてるはずだよ。その大半は、こんな類のストーカーまがいの志望動機。**〝いい加減にしてくれ〟〝ふざけるな〟**と言いたくなるよ。っていうか、アタシが採用担当だったときは、こんなのは速攻で〝不採用〟決定だったね」

「そ、そうですか……」

「読む側の立場に立って考える。読む側は何を知りたいだろう？　って考える。エントリーシートを書くときには、常にこれを頭に置かなきゃダメだよ」

「相手の立場に立つ？」

「そう。相手はさ、会社に貢献してくれる人を探してるんだよね？　つまり、志望動機から〝どう貢献してくれそうか〟ということを読み取りたいわけだよ。〝好き〟とかそういうことじゃなくてさ」

「は、はい」

「それで、晃彦はこの会社にどんなふうに貢献できると思うの？」

「……う～ん、顧客の小売店さんと信頼関係を築くことでしょうか」

「だ・か・ら、それじゃカントリー・ビバレッジじゃなくてもいいじゃない？」

「……」

「どうして、こうなっちゃうかわかる？」

「……」

「晃彦もいろいろ調べてるみたいだけど、まだまだこの会社に対する理解が足りないからよ。相手のこともよく知らないで、何に貢献できるか説得力をもって書けるはずないよね？」

「そ、そうですね」

「で、どうする？」

「はい？」

「どうやって、理解を深めようと思ってんの？」

「……」

「しょうがないね……」

と言いながら、ジミーさんは、緑茶のペットボトルをカウンターのうえにドンと置いた。あれ？　いつだかボクから奪ったのと同じ緑茶じゃないか……。

「あれ以来、この緑茶にハマッちゃってね。これ、カントリー・ビバレッジの商品でしょ？」

「そ、そうですね」

「じゃ、この商品がなぜ売れているかを徹底的に取材しなさい[*8]。そして、そこで得られた情報をもとに、この会社の**〝ビジョン〟〝強み〟〝求めている人材像〟**を一覧表にまとめるのよ」

そう言うと、「ほんと、マイウーだよ」と言いながら、ジミーさんは緑茶をゴクゴクと一気に飲み干してしまった。

ジミーさんの教え⑰

「常に、相手の立場になって考えろ！」

＊8　就活は取材が命
ナビサイトの情報など、誰でも知っている情報を鵜呑みにし、表面的に表現するから企業理解も深まらないし、説得力のある志望動機が書けない。社員に聞く、現場で商品を観察するなど、自分にしか知らない情報をゲットする。

「現場」を見なくちゃ、書けない！

翌日、ボクは近所のスーパーやコンビニを回った。ひたすら、食品コーナーを歩いた。

「とにかく、売り場、商品、買いに来る人を観察するのよ」

ジミーさんに、そう指導されたからだ。

カントリー・ビバレッジの緑茶は、どの店でも目立つ、手にとりやすい場所に置いてあった。さすがだなぁ……。これは、近藤さんたち営業マンが頑張って、信頼関係を築いているからなんだろうな。

他社との違いにも気づいた。ＰＯＰひとつとっても、工夫が凝らされているのだ。ペットボトルのデザインと統一感のある「和」のテイストのポップが並んでいる。だから、飲料コーナーに行くと、パッと目がいく。

この会社はもともと飲料メーカーのトップブランドだったが、近年、緑茶に本格参入しあっという間にシェアトップをとっていた。その理由が少しわかったような気がした。

しかも、緑茶を皮切りに、麦茶、玄米茶と日本茶のラインアップを広げていた。それが、売り場での存在感をさらに高める相乗効果を上げていた。ボクは、こうして気づいたことを、どんどんノートに記していった。

最後の店では、数社の売れ筋の緑茶のペットボトルを買いあさった。部屋で飲み比べてみて驚いた。他社のものより、圧倒的に上質なのだ。急須でいれたお茶の感覚に近いというのだろうか? 「和」を感じさせる絶妙な舌触りだった。

YouTube[*9]で各社のCMも見比べてみた。それぞれに面白くて、惹かれるものだった。しかし、カントリー・ビバレッジのものはズバ抜けていた。お茶そのものの上質感、ペットボトルの「和」のテイストを髣髴とさせるイメージが映し出されていた。これほど、商品のことをウマく伝えているCMはなかった。

この会社はスゴイ! そう思った。

なぜなら、商品開発力、デザイン力、広告・宣伝力、営業力のひとつひとつが高い水準にありながら、なおかつ、それぞれが完全にかみ合っているように

＊9 就活に使えるYouTube
YouTubeには企業の関係者がCMなどをアップしていることがある。経営者のインタビューなども。これも、企業活動を読み解くヒントになる。

見えたからだ。つまり、全体を統一させるプロデュース力がズバ抜けているのではないか……。そんなふうに思えた。

そして、ボクは大学の図書館に出かけた。

ここ数年の、この会社に関する記事を調べようと考えたのだ。特に参考になったのが、ビジネス誌[*10]に出ていた緑茶の商品開発ストーリーだった。それは、読み物としても面白かった。

緑茶市場に出遅れたカントリー・ビバレッジは、遅れを挽回するために強力な差異を創り出さなければならなかった。これまでの緑茶市場は「急須で入れた苦味」か「清涼飲料水的な味」という軸、そして、イメージが「古風」か「現代風」かという2軸の平面的な争いだった。かなり深く消費者ニーズを探ったうえで、これまでのペットボトルのお茶では実現できなかった「上質感」という軸を加えることに。そして、殺菌によってお茶の味が失われるのを防ぐ新技術まで開発したという。

さらに、経営者のインタビューにも目を通した。そこには、ひとつの商品ごとに関係部署をうまくコーディネートして「統一感」を作り出すことの重要性

＊10 ビジネス誌
ビジネスパーソンが知っておくべき最新の情報がまとまっている。特に特集記事はそのまま業界・企業研究講座になるほど、よくまとまっている。ビジネス誌編集部にとっても、就活生は大事なお客様。就活生向けに定期購読の割引を行なっている雑誌も。自分にフィットするものを週に1冊はチェック。できれば買いたいところだが、図書館やキャリアセンター、カフェなどでも閲覧できる。

がこんこんと説かれていた。ボクは、「やっぱり、そうか！」と膝を叩いた。

その他にも、さまざまな情報を入手することができた。今後は新興国マーケットに打って出るためにM&Aを強化すること、国内市場では少子高齢化に対応した商品の投入を続けること、自販機経由の売上げが低迷から脱却できないことなどなど……。


さらに、ボクはOB訪問[*11]で会った近藤さんにも取材をした。忙しいということで会うことはできなかったが、電話で親切に質問に答えてくれた。重点的に聞いたのは、「会社の強み」と「求められている人材」だった。

近藤さんも、カントリー・ビバレッジの最大の強みは、商品全体のプロデュース力だと言った。そして、何でも現場に任せる風土なので、自分の頭で考えてチャレンジできる人材であることが求められていると話してくれた。

特に印象に残ったのは、次の言葉だった。

「実はね、ボクら営業マンだってプロデュースにかかわっているんだ。現場で感じた〝消費者ニーズ〟をフィードバックすることで、プロデュースの方向性を確認したり、場合によっては軌道修正することもある。営業はモノを売るだ

＊11 同じ人にOB・OG訪問
あくまで本人の都合を最優先だが、同じ人に何度も聞きにいくのもあり。

けが仕事じゃないんだよ」

その声は、ほんの少し誇らしげだった。

なんとなく営業職を志望するようになっていたボクにとって、これはとっても嬉しい情報だった。

ここまでやると、ボクは情報を整理し始めた。

そして、「ビジョン」「強み」「求める人材」をこんなふうにまとめてみた（図表6）。

情報力は「強さ」そのものだ！

「おお、よくできたじゃん！」

ジミーさんは、ボクがつくった一覧表をみて褒めてくれた。

「うん、上出来。たいていの就活生は、ここまでは調べないからね。採用情報に載っている以上のことを調べるヤツなんてほとんどいないよ。だから、チャンスなの。これだけ調べたら、それだけでライバルに差をつけることができる」

「本当ですか?」

「そりゃ、そうさ。**情報力は強さそのもの**だよ。もちろん、すべてのエントリー企業にここまでのパワーはかけられないけど、〝これは!〟という会社についてはこのくらいやったほういいわね」

「はい!」

「それで、だ。これだけネタがあれば、志望動機は書ける。ただし、その前に、考えなければならないことがある」

「何でしょうか?」

「どう書くかってことよ」

「はぁ……」

「集めてきた情報を羅列しただけでは志望動機にはならないでしょ? それに、この前にも言ったように、〝貴社が好き〟とか〝貴社はスゴイ〟とか書いてもストーカーになるだけじゃない?」

「はい。会社にどう貢献できるかを書かなければならないんですよね?」

「そうだね。もっと言うと、晃彦と会社が一緒に働くとお互いにハッピーにな

【図表-6】カントリー・ビバレッジの「ビジョン」「強み」「求める人材」

ビジョン	飲料を通じて、世界中を幸せにする →今後はまさに国内だけでなく世界展開、特にアジアマーケットを視野にいれて活動。M&Aも強化する。幸せにし続けるために、環境問題、資源問題も視野にいれて活動していく。上質で、オリジナルで、値ごろ感のある商品を展開している。
強み	【商品開発力】 圧倒的な消費者調査によって、ホンネをさぐり、消費者の心に訴えかける商品づくりが強み。 商品コンセプト作りが秀逸。 【マーケティング力】 商品の認知から売り場での展開まで一貫性を意識。 特に、CM 制作に強み。 【技術力】 非加熱無菌充填、微粒子化精密分離など、独自の技術が多数。 【営業力】 顧客とコツコツ築き上げた信頼関係、現場のニーズをくみ上げるリサーチ力。
求める人材	・情報感度が高いこと ・自由に発想できること ・自ら考えてチャレンジすること ・チームで働くこと（自分だけ目立たないこと） ・信頼関係を築けること ・コツコツと努力できること

る理由を書くってことだよ」

「お互いにハッピーになる理由？」

「そう。あくまで、個人と会社は対等だよ。だから、お互いにハッピーにならなくちゃダメ。自分のことだけ考えていてもダメだけど、会社の都合にムリして合わせるようなことをしてもダメなんだ。だって、そんなの面接で簡単に見破られるし、ヘタに合格しちゃったら、会社に入ってから苦労する」

「で、そういう志望動機は、どう書いたらいいかわかる？」

「う～ん、情報が多すぎてすぐには……」

「そんなときは、どうするんだっけ？」

「あ、表にまとめる！」

「わかってきたね。そのとおり」

そう言うと、ペーパーをもってきてサラサラっと簡単な表を描いてボクに渡した。

「調べてきた情報とこれまでやってきた自己分析をもとに、この表を埋めてごらん。抽象的なのはダメだよ。必ず、根拠や具体例も書き込むこと。わかった？」

「はい！」

なかなか難しかった。

就活ノートを何度も見返さなければならなかった。

そして、あれこれ悩んだ末、こんな表を書き上げた（図表7）。

「いいんじゃない？　カントリー・ビバレッジの〝強み〟と〝求めている人材〟を理解したうえで、等身大の自分で貢献しようとしているから、それなりに説得力があると思うよ」

「ありがとうございます！」

「部屋に帰ったら、資料を読み返して、もう一回よ～く考えてごらん。そして、それを志望動機にまとめるんだ」

「はい！」

「最後にもうひとつだけ」

「何でしょうか？」

「未来よ」

「未来？」

「そう。**一緒に働くと、お互いにどんな未来が待っているのかを書く**んだよ」

「は、はい……」

「会社が晃彦を採用するってことは、晃彦の未完成で発展途上の可能性に賭けるってことなんだ。そして、晃彦と一緒に会社の未来をつくりたいからなんだ。だから、会社の〝ビジョン〟を意識しながら、晃彦がカントリー・ビバレッジで実現したい夢を書くんだ」

「わかりました！」


部屋に帰ったボクは、夢中になって志望動機を書いた。

魂を込めた。

そして、夜が明けかかる頃、こんな志望動機が完成した（図表8）。

確認すると、締め切りの前日だった。ボクは一眠りして、もう一回読み返すとすぐに速達で投函した。


数日後——。

一通のメールが届いた。

面接の日程連絡だった。

そっけないくらい、簡潔な文章だった。

【図表-7】一緒に働いてハッピーな理由

項目	晃彦にできること	企業が求めている人材像	ハッピーになる理由
自ら考えぬく力	どうやったら相手が喜ぶかを常に研究している 例) 毎日SMOKEの鏡を磨く、お客さまに喜んでもらうサービス	徹底した消費者研究が会社の強み。そのため、どうすればユーザーが喜んでくれるかを、自分の頭で考え抜く人が必要 例) 各種のCM、商品開発ストーリー	マーケティング活動の基本は、相手を喜ばせるにはどうしたらいいかを徹底的に考えること。バイトを通じて、その力を磨いてきた私は、マーケティング活動に貢献できる。
コツコツと努力する	地味な仕事、人がやりたがらない仕事でもコツコツと取り組むことが大好き 例) 小学時代にウサギの世話をしたこと、サッカーの記録係で先生に褒められたこと、SMOKEで毎日鏡を磨く	あらゆる仕事はチームで動いている。ヒット商品のカゲには、地味な仕事をコツコツと支えている人がいる。自分だけ目立とうとするのではなく、チームの縁の下の力持ちが必要 例) ヒット商品を一店舗ずつ案内している営業マン	小さいころから誰もやりたがらない仕事をコツコツとやってきた。縁の下の力持ちの仕事が大好きだ。だから、チームをカゲで支える仕事を一生懸命に取り組むことができる。
信頼関係を築く	人のいうことを素直に聞いて、その期待に応えることで着実に信頼を得てきた 例) サッカーの記録係で先生に褒められたこと、SMOKEでフロアを任せられるようになったこと	営業職に限らず仕事はその基本に信頼関係がある。これが築ける人を求めている。 例) 営業職は社内外に信頼関係を築くのが基本	愚直にコツコツと人のために力を尽くすことができる。これまで張り巡らせてきた信頼関係をさらに広げ、深めることに貢献できる。

にわかに、信じられなかった。
だから、何度も何度も読み返した。
そして、叫んだ。
「やった！　やったぞ！」
だって、一部上場の大企業だぜ？
このボクが……。
そう思うと、自然とガッツポーズが出た。

ジミーさんの教え⑱

「自分と会社がお互いにハッピーになる理由を考える！」

【図表-8】カントリー・ビバレッジの志望動機②

【当社への志望動機を教えてください】

私が貴社を志望する理由は、営業として貴社のシェアアップに貢献し、飲料を通じてもっと多くの人に、もっと大きな幸せを届けたいと考えたからです。

貴社の緑茶「緑茶伝説」は参入して1年で緑茶カテゴリーの大ヒット商品になりました。ビジネス誌で商品開発ストーリーを拝読し、ウェブでのコメント調査を始めとする消費者の欲求を深掘りする商品開発力、和のイメージと上質感を全面に押し出したマーケティング力、美味しい味を逃さない非加熱無菌充填技術の活用などに、貴社の食を通じた幸せへのコダワリを感じました。それはOB訪問でお会いした貴社営業三課の近藤真二さんからも感じました。コンビニエンスストアというチャネルでいかに気持よく手にとってもらえるか、販促物などの細部へのコダワリを聞き感銘を受けました。そして、なにより、そうした取り組みができるのは小売店をはじめとする顧客との間でコツコツと築き上げた信頼関係にあることを伺い、営業という仕事に深い関心を抱きました。

私も学生時代は、下北沢のカフェでのアルバイトを通じて顧客に最高に満足してもらうための接客と、売上アップの両立に取り組んでいました。その際にこだわっていたことは、上質な満足とは細部へのコダワリが生み出すのだということです。毎日鏡をしっかり磨く、顧客の反応をみつつ、もっと喜んでもらう提案をする。そのようなことをコツコツと繰り返していました。

しかし、これは所詮、学生のアルバイトにすぎません。私はより大きなステージで幸せを届けたいのです。例えば、圧倒的商品力があるにもかかわらず、貴社は自販機チャネルでの売上は2位に甘んじています。私はここも、設置場所の見直し、商品配置の見直しなど、細部へのこだわりで変えられると思っています。もちろん、難易度の高い取り組みですし、地道な努力が欠かせないことと思いますが、社員の方から貴社はそのような地道な努力を推奨する風土だと聞いております。どこまでも真摯に仕事に取り組みながら、貴社と自分が一緒に成長できるよう全力を尽したいと思います。

就活ノート

第7章

面接を楽しめ。

【大学4年4月】

→ 面接

人生初の面接、始まる

心臓がバクバクしていた。

足がもつれそうだった。

横殴りの雨のなか傘を差しながら、ボクは必死で走っていた。

「なんで、こんな日に限って、大雨なんだよ」

心のなかで毒づいていた。

大雨と暴風のせいで、電車が遅れたのだ。


4月2日――。

ボクは、カントリー・ビバレッジの面接に向かっていた。

OB訪問で近藤さんと待ち合わせた1階ホールを駆け抜け、エレベータのボタンを押した。何人ものビジネスマンがびしょ濡れのボクを振り返った。

エレベータが来るのをイライラしながら待った。何度も腕時計を見た。こういうときって、エレベータの動きがノロマに見えてしょうがない。

面接会場の8階に着くと、ボクはエレベータを飛び出して受付に駆け寄った。時計を見ると時間ギリギリだった。ホッとした。そして、「すみません」と詫びながら受付をすませた。ゼェゼェ息を切らしていた。

「大丈夫ですよ」

そう言って、少し微笑みながら若手の人事担当者は控え室に案内してくれた。

こうして、ボクの人生初の面接[*1]は始まった——。

控え室にはすでに8人くらいの学生がいた。

みな、落ち着いた様子で資料に目を通していたり、手帳をつけていたり、雑談をしたりしていた。

そのなかで、ボクひとりがスーツを濡らし、汗をびっしょりかいて、息を切らせていた。

ボクは誰とも挨拶もせずに、すすめられたイスに座ると、エントリーシートや「就活ノート」を取り出した。

「どうして、わが社を?」「学生時代に力を入れたことは?」……。そんな想定問答をしながら面接に備えようと思ったのだ。

＊1　面接でのチェックポイント
面接では、最初にネガティブチェックと言って姿勢、動作、目線、喋り方、身だしなみなど基本的なものをみたうえで、質問の投げかけによってチェックしていく。
大きくものを言う基準は、「企業に合っていそうか(ただ、あえて合わないタイプをとる企業も)」「活躍するための基礎力がありそうか」「伸びそうか」などである。

しかし、落ち着く間もなく、名前を読み上げられた。ボクは慌てた。だって、まだ動悸もおさまっていないのに……。

「こんな状態で面接が始まるのか?」

取り乱したボクは、エントリーシートをガサガサとカバンに突っ込みながら立ち上がった。立ち上がってわかった。

緊張で身体がガチガチになっていた。*2

1次面接は学生4人の集団面接だった。

いやでも、インターン選考のグループディスカッションを思い出した。強烈な不安がこみ上げてきた。

ほかの学生の動きを横目にみながら、お辞儀をしてイスに腰掛けた。

「自己紹介をお願いします」

面接官の事務的な声が響いた。

慶光大学、湧田大学、上市大学。揃いも揃って偏差値の高い大学に通っていた。もちろん、「リア充」な学生生活を送っていた。やはり、ビビった。ボクは、ジミーさんの言葉を心のなかで唱えた。

＊2　面接でベストを尽くすために

①よく寝て、適度によく食べる

よく寝る。できればお酒も避ける。ちゃんと朝ごはんを食べる。特に寝不足は、面接で突っ込まれたときに焦ったり、イライラしてしまったりするので要注意。

②早めに移動する

電車の事故など、トラブルはよく起こるもの。初めて行く企業の場合、迷子になることも。ぎりぎりに到着したら、気持ちが落ちつかない。早めに到着すると、企業や社員の様子もウォッチすることができる。

③身だしなみなどは入念に

「胸を張るんだよ」

そして、ボクの番がやってきた。

腹に力を込めて、口を開いた。

「日東大学社会部の斉藤晃彦です。私は、縁の下の力持ちです。人がイヤがることでも、コツコツとやりきる人間です。学生時代は、下北沢にあるカフェでのアルバイトに没頭しました。そこで、おいしい飲み物がいかにお客さまを幸せにするかを実感しました。そして、もっと喜んでいただくために、お客さまが何を求めているかを考え続けてきました。また、お客さまに少しでも心地よく過ごしていただくために、お店の清掃をコツコツと続けました。そんな姿勢が認められて、フロアを任せられるようにもなりました。食に対する思いは誰にも負けません。よろしくお願いします」

悪くない自己紹介だと思った。とにかく、事前に考えていたことは全部言えた。「さぁ、いよいよ質問が始まる」。そう思った瞬間、面接官は軽い口調でこう言った。

「今日は、雨で電車が遅れてたいへんだったでしょ?」

「余裕をみて家を出ましたから大丈夫でした」

チェック
特にネクタイやポケットのあたりをチェック。携帯の電源も切ること。
④元気よく
たいてい緊張するので、行動を元気にすると吹っ切れる。特に自己紹介の最初の一言を元気な声でいくとよい。

みなは、さらりと応えた。

ボクは、正直にこう言った。

「あの……、予想以上に遅れたので、駅から全力で走ってきました。ギリギリの到着になってしまって、失礼いたしました」

「あはは、しょうがないですよ」

面接官はそう言って笑った。しかし、目は笑っていなかった。そして、ペーパーに何かを書き込んでいるのが気になった。

もしかして、減点？

出だしで躓いた気がした。

減点を取り返さなきゃ……。

ボクは、焦った。

上ずる声、青ざめる顔

「志望動機」「学生時代に力を入れたこと」……。

面接は、だいたい予想どおりに進んだ。

質問にみんなは落ち着いて応えていた。

ボクは、焦りのせいだろうか、ときに声が上ずったり言葉につまったりしていた。

それでも、なんとか応えていた。

しかし、「自己ＰＲ」について聞かれたときのことだ。

「斉藤さんは、〝縁の下の力持ち〟と書いていらっしゃいますね？　会社に入っても、ずっと〝縁の下〟で頑張るおつもりですか？」

「は、はい。コツコツとひとつひとつの仕事をやりぬいていきたいと思っています」

「でも、やりたいこともあるんですよね？」

「はい、将来は商品プロデュースにもかかわりたいです」

「なるほど。その仕事は強いリーダーシップを発揮して、関係部署をまとめていかないといけません。斉藤さんは、リーダーシップをとった経験はありますか？」

ボクは、頭が真っ白になった。

リーダーシップ？

どんなに探してもそんな経験はなかった。

「……」

思わず、黙り込んでしまった。ダメだ、黙ってちゃダメだ。何か言わなきゃ……。ボクは完全にテンパッていた。

「あ……、いえ……、その……」

だけど、出てきたのはこんな細切れの言葉だった。いや言葉ですらなかった。面接官は溜め息をつくと、「あ、いいですよ、斉藤さん。じゃ、今度は、○○さん……」と話題を変えてしまった。

ボクは、顔が青ざめる思いだった。

それでも、なんとか最後まであきらめずに頑張ろうと思った。しかし、もう面接官の目をまともに見ることができなかった。

そして、鋭いツッコミ[*3]に何度も言葉につまった。

たとえば……。

「最近、気になる社会問題は何ですか？」

＊3 〝ツッコミなし〟にご用心
「いっぱい話せたのに落ちてしまった」ということがよくある。学生は将来のお

「原子力問題です。食への影響も大きいですし」

「なるほど。あなたの思想信条を聞きだすつもりはありません。その前提で、あなたは今後、どうすればいいと思いますか？」

「国内の原子力発電所をすべて止めるべきです。そして、風力発電や火力発電に移行するべきです」

「そのメリット、デメリットは？」

「メリットは、原発事故という恐ろしいリスクがなくなり、安心して生活できることです。デメリットは、エネルギー供給が不安定になる可能性があることです」

「デメリットをクリアするためには、どうすればいいと思いますか？」

「国をあげて自然エネルギーを推進することです」

「そのためにはたくさんのお金が必要ですね？　財源はどうやって捻出しますか？」

「そ、それは……」

「もし、電気が止まってウチの会社の工場が止まったらどうしますか？」

「……」


客様、取引先になる可能性があるので、選考では嫌われないようにする。そのため、「こりゃだめだ」と思った学生ほど、ツッコミは入れずに、気持よく話させて落とすのである。逆に、つっこまれるのは、あなたが激甘だったとは限らず、興味を持っている証拠だと、前向きに捉えよう。

ボクは、まったく応えられなかった。

こんな変化球質問もあった。

「あなたが面接官だとします。今日の面接で、自分以外にひとり選ぶとしたら誰がいいですか？」

ボクはまごついた。

なぜなら、自分のことで精一杯で、人の話なんてほとんど聞いていなかったからだ。

それに、誰かを選ぶというのは難しかった。だって、その人以外のことを傷つけてしまうのだから。そのあたりの配慮の仕方も試しているんだろうか？

いろんなことが頭をよぎった。結局、こう答えるしかなかった。

「皆さん優秀で、私には決められません」

それは、4人のなかで最もつまらない答えだった。

最後にはこう聞かれた。

「何か質問はありませんか？」[*4]

ここでも、ボクは慌てた。なぜなら、面接とは質問される場だと思っていた

＊4　ダメ質問
例えば……
「御社はいい会社です

からだ。だから、「聞きたいこと」など何も準備していなかった。思わず口をついて出たのはこんな質問だった。

「あの、御社は働きやすい会社ですか?」

面接官は、なんとなく投げやりな感じでこう答えた。

「……。そうですねぇ、頑張る人には働きやすいと思いますね。成長意欲のある人を正しく評価し、大胆に昇進・昇格・昇給するようにしています。ただし、成果を出せない人には厳しい会社かもしれません。もっとも、チャレンジをして失敗することについては、おおいに評価しますが。答えになっていますでしょうか?」

「は、はい。ありがとうございました」

こうして、面接は終わった。

「ダメだ……」と思った。

「働きやすい会社ですか?」
↓いい会社って何だ?
↓どんな状態が働きやすいかを考えて、その項目を検証するとよい。もっとも、優秀でもないのに、働きやすさだけにこだわる人は、企業にとってはどうでもいい人。
「福利厚生はどうなってますか?」
↓事前に調べて、各項目を検証する。ただ、これも福利厚生だけ気にする人は企業にとってはどうでもいい人

面接は必ず振り返れ！

面接が終わると、トボトボとSMOKEに向かった。

その日、ボクはバイトだったのだ。

「あれ、今日はスーツなんだ。ちょっとはサマになってきたんじゃない？」

ジミーさんは、いつもの軽口を叩いた。

「そ、そうですか？　今日、カントリー・ビバレッジの面接だったんですよ」

ボクが応えると、ジミーさんはすぐに察しがついたようだった。

「はじめての面接だよね？　緊張して疲れたでしょ？」

「ま、まぁ……そうですね」

「面接ってのは、**場数を踏まなきゃダメ**だからね。いろんなことがあるけど、それを肥やしにしていけばいいんだよ」

「そ、そうですか？」

「そうだよ。前にも言ったでしょ？　ちゃんと振り返って、足りないところを補っていく。それで、人は成長できるんだ」

「そうでしたね……」

「元気出しなよ！　じゃさ、お店終わったら見てあげるから、会社のパソコン使って、面接官とのやりとりを一覧表にまとめてごらん」

「え……」

「いいね？」

「は、はい」

「さ、じゃ、着替えて。仕事よ、仕事！」

ボクは、休憩時間いっぱいを使って一覧表にまとめた。こんな感じだ（図表9）。お店が閉まると、それをプリントアウトしてジミーさんに渡した。

ジミーさんは、渋い表情をしながら目を通していたが、顔を上げるとこう言った。

「晃彦さ……。アンタ、やってはいけないことを全部やってしまってるね……」

「は、はぁ」

「アンタ、時間ギリギリに行ったの？」

「は、はい」

「もう、論外だね」

「で、でも、電車が遅れたんです……」

「そんなの言い訳にならない。大雨が降ってたら、電車が遅れる可能性があるって誰でもわかるよ。だったら、いつも以上に余裕をもって出発するのが常識。**状況に応じた対応ができないってことは、仕事ができないってこと**だからね」

「は、はい……」

「それから、最初のゆるい会話も全部、面接だからね。こういうときに学生のホンネや素顔が見えるから、よくやる手なんだよ。で、晃彦の返事は、自分で**〝ボクは仕事ができません〟って言ってるようなもんだよ**。自分でわざわざ減点対象になるようなことは言わない。まぁ、とにかく、ゆるい質問のときも気を抜いちゃダメってこと」

「は、はい……」

「それから、リーダーシップのところ。これが、いちばん躓いたところだね。まぁ、晃彦にはキツイ質問だったかもしれないね。だけど、リーダーシップってよく期待されることよ。若者にそれを期待するのってどうなの？　って話も

【図表-9】面接の振り返り一覧表

面接官の言動	自分の言動	自分の気持ち	気づき
それでは、自己紹介をしてください。		緊張するなぁ。リラックスしなくちゃ。	「自己紹介」と言っているけど「自己PR」じゃないとダメだよね。
	日東大学社会学部4年斉藤晃彦です。私の強みは・・・	他の人もいるから1分くらいで簡潔かつ、具体的に…。	やや緊張して固かったかなぁ・・・。
朝早くからありがとうございます。迷子になりませんでした？		リラックスさせようとしているのかな？	これ、確実に行動できるかどうかを確かめていたかも・・・。
	電車が混んでいて…。そして、ちょっと迷子になりました。	思ったことを思ったように言ったんだけど。	これ、ドジだと言っているようなもんだった？
いま、就活の状況はどうですか？		これ、正直に答えていいんだろうか？	志望先の一貫性を知りたかったのかな。どこと競合するかも。
	ITと食品を中心に受けています。より具体的には・・・	縁の下の力持ちという軸を伝えたいんだ。	志望の一貫性は伝わったんじゃないかな？
最近、気になったニュースはなんでしょう？		業界に関するニュースで答えようかな。	好奇心旺盛かどうかを知るための質問？

あるけど、聞かれるのはわかっているんだから、日ごろからどう答えるかを考えておくべきね」

「だけど、ボクにはリーダーになった経験がないから……」

「それは、いいのよ。まずね、リーダーっていうのは役職とは関係ないのよ。小学校のときにプロ野球選手になりたいと言って、ひとりで愚直に頑張ったイチローは、たとえキャプテンではなかったとしてもリーダーだったと思う。それに、すべての要件を備えている人なんていやしない。だいたい、アンタはまだ学生だよ？　これから、身に付けていけばいいじゃない。未来を語ればいいんじゃない？」

「た、たとえば？」

「そうね……。アタシだったら、〝私はこれまでリーダーの経験はありませんが、縁の下の力持ちの気持ちは誰よりもわかります。人に心を配ることができること、そして正しいと思ったことをやりきれることは、リーダーの大事な条件だと思います。ですから、御社に入ってから経験を積みながら、リーダーシップを発揮したいと思います〟とか言うかな」

「な、なるほど」

「それから、時事問題もダメだね」

「……はい」

「もちろん、アンタの考えは否定しないよ。そこで、選考のジャッジをしてもいけない。だけどね、晃彦の回答は、結局**〝感情論〟の域を出てない**のよ。まぁ、床屋談義ならこの程度でいいんだよ。でもね、ビジネスマンとしては失格。何が問題で、どうすれば解決できるかまで説明できなければ、それは意見としては認められないのよ。

晃彦も、〝社説ワーク〟でだいぶマシになったけど、まだまだってことよ。いい？　もっともっと、自分の意見に対して徹底的にツッコミを入れることよ。そうするしか、〝感情論〟を脱する方法はない」

「は、はい」

「それから、〝自分以外に誰を選ぶか〟っていうのもよくある質問なの。で、晃彦の返事は答えになっていない。聞かれたことには答えなきゃダメだよ。そのためには、ちゃんと他の人の話を聞いてるのはもちろんのこと、その人が優れていると思う理由を、その人の話の**要点を手短にまとめながら説明する力**も問われてる」

「は、はい……」

「最後の〝何か質問はありませんか〟っていうのは究極の質問だね。ここで〝素〟の自分がみられてしまう。価値観やコミュニケーション力がいちばん現れるからね」

「そ、そうなんですか……」

「聞かれたことに答えるより、自ら質問するほうが難しいからね。それで、アンタの質問は、第一に、あまりにも漠然としている。もっと**焦点を絞った質問**をしないとダメね」

「は、はい……」

「それから、質問内容もダメ。〝働きやすい会社〟って何？　コイツは〝働きやすさ〟を求めて、ウチを受けてるのか？って思われるだけじゃない？」

「……」

「だいたいさ、**面接ほど優れた情報収集手段はない**んだよ。事前にいくつかの質問を用意して、聞かれなくても質問するくらいでいいのよ」

「は、はい……」

「というわけで、はっきり言っちゃうけど、アタシが面接官だったら落とすわね」
「……」
　フルボッコだった。
　でも、まぁ、ここまで〝ダメだし〟されたら、かえってさっぱりしたように
も思った。
「でも、いいんだよ。まだ、就活は始まったばかりだ。[*5]この失敗を生かして、
成長していけばいい」
「はい」
「見方を変えれば、今日の面接官は晃彦にいろんなことを教えてくれたわけ。
それをしっかり学ばなきゃ、せっかく面接に行って痛い目にあった甲斐がない
じゃない？　そのためにも、必ず面接内容を紙に書き出して振り返ること。い
い？　**必ず紙に書く**んだよ。そうしないと、自分のなかに残らない。それに、
いい加減な振り返りになりがちだからね。そして、足りないと思ったところを
埋める努力をするんだ」

ジミーさんの教え⑲

「面接内容を紙に書き起こして、しっかり振り返る！」

①何しろ、模擬面接
　できればオトナ相手がいい。キャリアセンターなどでよく実施しているので、活用してみよう。とにかく、数をこなして慣れる。

②スマートフォンをフル活用すれば、面接は大丈夫
　スマートフォンは（いや、普通の携帯も）、動画の録画機能や、音声の録音機能がある。面接でよく聞かれることについて練習する様子を録画、録音して聞きなおしてみよう。特に録画は便利。自分の視線や姿勢などをみると「自信なさそう……」など、発見がある。

　各種サイトにパスワードロックや公開先指定してアップし、友人にみせて、コメントをもらうなども効果的。

③面接を振り返る
　一度受けた面接は必ず振り返りをする。特に面接官と自分の言動を振り返り、互いの意図を考えてみるとよい。

うまく話せなくていい、伝わることが大切！

「で、でも……」

こう、ボクは言いよどんだ。

だって、いくら面接内容を振り返っても、〝話べたなボク〟が変わるとは思えなかったからだ。

「でも、って、なに？」

ジミーさんは聞いた。

「いや、その……、もっとうまく話せるようになるにはどうしたらいいのかなぁ、と思って」

「うまく話す？」

「そう。ほかの学生さんたちは、立て板に水って感じで、とっても話すのが上手です。だけど、ボクは口下手だから……」

「ああ、なるほどね。まぁ、話すにもコツってのはあるからね。たとえば、**必ず結論から入って、簡潔に話す**とか、ね。まぁ、たしかに、そういう話し方の基本的なことは知っておいたほうがいいね」

「ど、どうすればいいんですか?」

「そんなの、簡単だよ。書店に行ってみなよ。ヤマのように〝上手な話し方〟についてまとめた本が置いてあるから。それを1冊でも読んだら、それなりにコツはつかめると思うよ」

「なるほど」

「ただね……、あんまり**本に影響されすぎるのも問題**だね」

「そ、そうなんですか?」

「そりゃ、そうだよ。考えてもみなよ。面接官って、一日に何十人も面接するんだよ? たいがいの学生は本に書いてあるフォーマットどおりに話すから、**いい加減ウンザリしてくる**んだ。

アタシが面接やってたときも、こんなことがあったよ。そのときベストセラーになってた〝面接マニュアル本〟があってね、そこに載ってた〝最初は営業で現場を学びたい〟ってフレーズをみんな言うんだよ。ほんと、バカに見えたね」

「バカ、ですか?」

「だって、**自分の頭で考えてないんだもん**」

「そっかぁ……」

「だからね、本の受け売りはいちばんダメ。それに、準備してきた答えをスラスラ言ってるのもダメ。そんなの、ぜんぜん心に響かないよ。だいたいね、会話のルールさえ守れていれば、別にうまく話す必要なんてないんだよ。そんなことより、**〝自分の言葉〟で話す**ことのほうがずっと大事。晃彦という人間が、ちゃんと相手に伝わることが大事なのよ」

「……」

「そういえば、こんな学生の面接をしたことがあったよ。見るからに広告オタクって感じだった。話もヘタでね。つっかえつっかえ話す子だった。学生時代にサークルもバイトもしてなくて、これといった成功体験もない。自信なさそうだったね。

ただ、歴史が好きでね。ずっと歴史の勉強だけは真剣に取り組んでたんだって。それで、ちょっと水を向けると、自分の得意な歴史学の知識を使って、博通エージェンシーの歴史について熱く語り始めたのよ。

はっきり言って、最初は〝オタクトーク〟にしか聞こえなかったんだけど、とにかく魂がこもってた。気がついたら、アタシも話に引き込まれてた。しかも、歴史学の裏打ちのある話だから説得力もあった。だから、アタシはその子を〝合格〟にしたよ。ちゃんと自分の頭で考える力があるってことがわかったからね」

「なるほど……」

「要するに、**大切なのは話に魂がこもっているかどうか**ってことなのよ。そりゃ、話がうまいに越したことはないよ。だけど、いくら上手に話すことができたって、魂がこもってなかったら相手には伝わらないんだ」

「魂ですか……」

「そう。そして、**自分の魂はアウトソーシングできない**。本や他人から、借りてくることはできないんだよ」

「それは、そうですよね……」

ジミーさんの言わんとすることがわかる気がした。実際、ボク自身、ペラペラと知ったふうなことを話す学生の言葉に心を打たれたことはなかった。どこか、〝借り物〟のような気がしてならなかったのだ。しかし、それはボクだって同じことだ。

「いったい、どうすれば魂をこめることができるんでしょうか？」

「それは、ノウハウで語れるようなことじゃない。ただ、ひとつだけ言えることがある」

「ひとつだけ?」

「とにかく、**真剣に生きる**ってことだよ。さっきのオタクの学生だって、歴史に真剣に取り組んでいた。そして、真剣に博通エージェンシーのことを研究していた。だから、アタシの心に届いたんだと思うんだ」

「なるほど……」

「だから、晃彦も、とにかく目の前のことをマジにやるしかない。別にかっこよく生きる必要なんてない。上手に生きる必要もない。だけど、真剣に生きなきゃ。

今だったら、就活に真剣に取り組む。企業のことを真剣に調べる。自分のことを真剣に振り返る。そして、一日一日を真剣に生きる。その真剣さは、きっと相手に伝わるんだ。そして、晃彦がどんな人間なのかも、ちゃんと伝わるんだよ」

「は、はい……」

「それでさ、晃彦は見込みあると思うんだよなぁ」

そう言うと、ジミーさんはちょっとイジワルな目でボクを見た。

「え……、どこがですか？」

「アハハハ。だって、いっつも真剣に悩んでるじゃない。いっつも真剣に落ち込んでるじゃない」

「それは……」

「それも真剣に生きてる証拠。とにかく、晃彦は晃彦らしく、精一杯がんばればいいんだよ」

そう言うと、ボクの肩をポンと叩いた。

ビミョーな感じだった。

だけど、少し元気が出てきたような気がした。

ジミーさんの教え⑳

「一日一日を真剣に生きる！」

毎日が決戦！

数日後——。

カントリー・ビバレッジからメールが届いた。

やはり、ダメだった。

「厳正な選考の結果、残念ながら今回は採用を見送らせていただくことになりました。末筆ながら、今後のご活躍を心よりお祈り申し上げます」

クソ、これが「お祈りメール」[*6]か……。

一瞬、カントリー・ビバレッジを取材した頃のことを思い出した。あの頃は、「もしかしたら……」という希望に突き動かされていた。それが、このザマだ。なんだか、あのとき頑張ってた自分に悪いような気がした。そして、落とされてしまえば、またゼロから始めるしかないことを噛みしめた。

就活って残酷だ……。

そう思った。

＊6　お祈りメール　不合格通知のメールは「ますますのご活躍をお祈りします」という語尾になっていることから、「お祈りメール」と呼ばれる。選考で落ちることを「祈られた」と呼んだりもする。

カントリー・ビバレッジを皮切りに大企業の面接ラッシュが始まった。

エントリーシートが通過した企業から、連日のように呼び出される。毎日が決戦だった。

しかし、2社目、3社目も1次面接で落とされた。

その度に、ボクはゼロ地点に突き落とされた。

とはいえ、ヘコんでいるヒマなどなかった。

とにかく忙しかったからだ。

会社説明会、OB・OG訪問、企業研究、エントリーシートの記入、面接……。就活のハード・スケジュールに追いまくられる毎日だった。

そして、4月も後半に入ったある日――。

ボクは一歩も動けなくなってしまった。


その日も、朝からフル活動だった。

1限の授業に出るために、朝6時30分に起床。「社説ワーク」をやって部屋を出た。

大学につけば、初々しい新入生がはしゃいでいる。その浮かれた姿を横目に教室に向かう。もちろん、リクルートスーツ着用だ。

授業の合間にはキャリアセンターで企業情報を収集。3限の授業を終えると、とある会社の面接に向かった。神経をすり減らして面接を終えると、今度はOB訪問。その移動中、電車のなかでメールが入った。1週間前に面接を受けた会社からの「お祈りメール」だった。舌打ちをして、すぐに画面を切った。ガッカリした気持ちを抱えながら、OBの話を聞くのは正直ツラかった。

そして、部屋に帰ってくると、もう夜の9時を回っていた。

ネクタイを緩めて、ドサッとベッドに腰掛けた。

そうだ、明日締め切りのエントリーシートを書かなきゃ……。

そう思ったが、身体が動かなかった。

テレビをつける気にもならなかった。

大好きな音楽も聴きたくなかった。

そして、つぶやいた。

……もう、疲れたよ。

やって来た「就活ブルー」

結局、その日、エントリーシートを書くことはできなかった。翌朝、目覚めても気分はすぐれなかった。日課にしていた「社説ワーク」もやめた。学校も欠席した。

ずっと、前に進んできたのに……。

ついに、ボクは就活をサボってしまった。そのことがまた、ボクを責めさいなんだ。一日、部屋に閉じこもって、天井を見つめていた。

バイトに行く気にもなれなかった。

ボクはジミーさんに電話をした。

「すみません。ちょっと体調がよくないんで、お休みをいただいてもいいですか?」

「あら、どうしちゃったの?」

「いや、あの疲れたっていうか……」

「もしかして、就活ブルー?」

「そんなのあるんですか?」

「みんな、一度や二度はかかるね。そんなときに、部屋に閉じこもってるのがいちばんよくない。いいから、お店においで」

「え、でも……」

「いいから、おいで!」

「は、はい……」


お店に着くと、ジミーさんは忙しそうに走り回っていた。

そして、大きな声で言った。

「遅いわよ! この後、30人の団体さん来るから、しっかり働いてよ! ドリンクの準備、すぐにやって!」

な、なんだよ……。心配するフリして、コキ使いたいだけなんじゃ……。

でも、ボクは慌てて着替えると、ドリンクの準備に取り掛かった。次々とジミーさんの指示が飛んだ。あたふたと動き回っているうちに、就活ブルーのこともいつの間にか忘れていた。

そして、閉店――。

カウンターで休んでいるとジミーさんが声をかけてきた。

「どう、働くっていいでしょ？　ブルーな気もちも吹き飛ぶ！」

「ま、まぁ、そうですね」

「ほんとに、アンタ、元気だしなよ？」

「……」

「これくらいで落ち込んでたら、世の中やっていけないよ」

「でも……。これだけ落とされると、ヘコみますよ、さすがに」

「何社くらい落ちたの？」

「えーと、これまで20社にエントリーシートを書いて、7社通って……。それから、1次面接落ちが5社で、2次面接落ちが2社です」

「なーんだ、そんなもんか？」

「そんなもんか、って全滅じゃないですか……」

「あのね、はっきり言って、そのエントリーシートの通過率、晃彦の大学だったらいいほうだよ。3分の1も通ってるんだから」

「そ、そうか……」

「それに、7社のうち2社も1次面接を通過してるなんて上出来だよ」

「そ、そうですか？」

「だいたいね、はっきり言って、**就活って落ちるもの**なのよ。だって、大手企業は、数万通のエントリーシートがくるんだよ？　人気企業だったら、エントリーシート提出ベースの倍率で２００倍から１０００倍にはなる。大学入試の倍率って高くてせいぜい30倍。そのくらい〝狭き門〟[*7]なのよ」

「そうか……」

「成長ベンチャー企業だったら、20人の枠に1万人プレエントリーすることもある。普通の中小企業は応募数が少なくて困っているけど、そもそも募集人数が少ないんだよね。そして、誰でも入れるわけではない。〝いい人がいたらとる〟ってスタンスのところも多いからね。どこも楽じゃないと思ってたほうがいい。それが就活なのよ」

　思わず、溜め息が出てしまった。

「でも、安心しな。就活は倍率だけで決まるわけじゃない。**自分に合う会社と出会えたら、スパッと決まる**。そして、晃彦の応募を待っている会社は、きっとある」

＊7　就活の倍率
　就活は落ちて当たり前。ナビサイトによる応募などが可能になったこともあり、母集団は膨張し続けている。ベンチャー企業でも15名程度の枠に1万人が応募することもよくあること。大手企業、人気企業のプレエントリーは3万人～8万人くらいにまで達する。倍率という意味では２００倍～１０００倍になることも。

　ただ、大学受験と違い、倍率だけでは決まらないのも就活である。結局は、「応募先企業が採りたいと思うかどうか？」がもっとも大事。そして、募集数に対して応募数が集まらなかったとしても、採りたいと思えない人は採らない。

＊8　あなたが落ちてしまう理不尽な理由
　学生にとって不透明で、不公平で、理不尽なのが就

「は、はい」

「つまり、**就活は持久戦**なの。そういう会社に出会えるまで、どれだけ辛抱できるかが勝負なの。だから、反省は太く短くするのよ」

「太く短く？」

「そう。何がダメだったのか徹底的に反省する。だけど、引きずっちゃダメ。面接に落ちた次の日に、別な企業の面接があったりするんだから、ヘコんだ気持ちのままでいたらベストを尽くせないでしょ？　だから、ダメだった原因を明らかにしたうえで、〝**はい、次！**〟ってくらいの感じで行ったほうがいい」

「は、はぁ……」

「だいたいね、面接で落とされるって言ってもね、[*8]必ずしも評価されなかったってわけじゃないのよ。たまたま、っていうケースもたくさんあるのよ」

「そ、そうなんですか？」

「そりゃ、そうだよ。たとえば、いくら晃彦のことを評価していても、すでに内定を出した人のなかに同じタイプの人がたくさんいるという理由で落とされるってこともあるのよ」

「そうなんですね……」

活の選考だ。

①面接官との相性

学生は面接官を選ぶことはできない。この相性によって、評価が下がってしまうことも。企業側でも面接官向けの勉強会などを行っているが、自分が好きなタイプを評価してしまうのは人間の癖。

②あなたのようなタイプは既に採っていた

中堅〜大手の選考では、選考の締め切りが何期かに分かれている。どの期にもチャンスがあるのだが、できるだけ早く埋めたいと考えるものである。欲しい層は最初の期でほとんど埋まってしまい、後の期は受けてもなかなか内定に至らないということもよくある。

③もともと採る気がなかった

新設大学、あまり応募してこない大学などはリサーチ目的で「とりあえず会ってみよう」ということで選考に呼ぶことも。

「それに、**面接官との相性もある**しね。就活って、そんなもんだっていうこともできるのよ」

「なるほど」

「そもそも、こんな短期間で大量の学生をさばく日本の採用自体どうなのよ？って問題もある。だけど、まぁ、晃彦はこの条件のなかで闘うしかない。それに、違うルールになったとしても、競争があるってことに変わりはないよね」

「そうですね……」

「だから、とにかく反省は太く短くすること。ときにはグチを吐き出すのも大事だけど、だらだらやるのはダメ。グチも太く短く。よく、覚えとくんだよ」

「は、はい」

「ただね、やっぱり人間だから一回へコんだら、なかなか立ち直れないってこともあるじゃない？」

「そ、そうですね……」

「そんなときのために、気持ちをアゲる方程式[*9]をもってることも大事ね」

そう言うと、ジミーさんはお店の電気を消した。

そして、プロジェクターでＤＶＤを流し始めた。

＊9　元気が出るおまじない

①ホテルのカフェに行け！

たまに、ホテルのカフェに行ってみる。プロの接客

『アルマゲドン』だった。

「な、なんで、『アルマゲドン』なんですか？」

「いいから、見てな」

この映画は前にも見たことがある。そのときも泣けた。そして、今回もストーリーに引き込まれた。隣でジミーさんがグスングスン泣き始めた。鼻水もあふれるほど感動しているのだろう。何枚も何枚もティッシュをとっては鼻をかむのが迷惑だったが、ボクも気がついたらティッシュのお世話になっていた。

そして、見終わると胸がスカッとしていた。

なんか、心が元気になっていた。

「いい映画よね……」

ジミーさんは、泣きはらした目でボクを見つめた。

「は、はい」

「あのさ、これが方程式なのよ」

「は、はぁ……」

「こういう感動する作品とか、勧善懲悪もののスカッとする作品を観ると、**心が晴れる**。また、頑張ろうかって気持ちになれるのよ」

を体験できるし、雰囲気もいいし、飲み物も美味しい。何より、周りには「デキる社員風」の方が多く、モチベーションが上がる。

②甘いものを食べろ！

カフェなどでプラス1品、甘いものを頼んでみる。デザート系のお店に行ってみる。疲れがとれるし、幸せな気分になれる。

③人に会え！

ヘコんでいるときこそ、人に会う。頑張っている先輩、友人に会うと元気が出る。人に支えられている感覚はきっとプラスになる。

④日記をつけておく！

大変な日々でも1日に1つは勉強になったこと、刺激を受けたことがあるはず。その日に学んだことを、ノートや、手帳、非公開のブログやTwitterなどに書き留めておき、読み返す。

「なるほど」

「こういう方程式をたくさんもってる人って、強いわよ。映画でも本でも音楽でもスポーツでもなんでもいいの。晃彦も強くなってね……」

そう言うと、シュッシュッシュッシュッと3枚もティッシュをとると、ブブブ～ッと鼻をかんだ。

ジミーさんの教え㉑

「反省は太く短く！」

第8章

徹底的に、やり抜け。

【大学4年7月】

→ 無い内定

→ ブラック内定

無い内定、そして「持ち駒」はなくなった

何度、祈られたことだろう――。

「健闘を祈るよりも、世界平和でも祈ってくれ」

そんなジョークを口にしてもみたが、もちろん、それで気を紛らわすことはできなかった。

だんだんわかってきたこともあった。

面接が終わると、必ず人事担当者は「来週中には連絡しますね」[*1]などと言うのだが、通過しているときはすぐに電話が来る。しかし、「祈られる」ときには、当初の予定どおりの日程でメールが届くのだ。

だから、面接から数日待って電話がなければ、就活ノートにメモっている「持ち駒リスト」のその会社名を二重線で消すようになった。

食品大手、ＩＴ大手のカベは厚かった。

5月中旬には、リストは二重線で埋め尽くされていた。

＊1　合否通知のタイミングと方法

「鉄は熱いうちに打て」採用する側からすると、採りたい学生ほど、「入りたい」という気持ちを高めていくことが大事。そのため、公には「合否結果はメールで○日までに通知」と言っておきつつ、電話ですぐに通知することも。そのときに、評価したポイントや次の面接へのアドバイスをすることも。次の選考に確実に来てもらうためでもある。なお、大量採用を行う企業の場合、この連絡を採用アウトソーシング会社が代行していることも。

ついに、持ち駒がなくなったのだ。

そして、ボクには内定がなかった。

内々定ならぬ、〝**無い内定**〟だ。

最後の二重線を引くとき、ボクは思った。

「やっぱり、オレには大企業なんてムリだったんだ……」

不思議と無感情だった。

ただ、心の底で、ヒンヤリとした「世間」の厳しさを感じていた。その有無を言わせない「凄み」を感じていた。そして、無力でちっぽけな自分を噛み締めていた。

ふと、母親の顔が浮かんだ。

「安定した大企業に入りなさい」

そう、何度も何度も言われてきた。

そんな**母親の期待**に応えられなかったことに胸が痛んだ。

と同時に、かすかな怒りも覚えた。小さなころから、そうだった。いつもいつも、「もっと、○○になりなさい」と言われ続けてきた。だから、オレなりに頑張ってきたつもりだ。

だけど、母さん、オレには母さんの期待に応えるだけの力がないんだよ。

もうこれ以上、オレを追い詰めないでくれよ……。

そう思うと、物悲しい気持ちになった。


大企業の採用活動は、はやい。

5月下旬にもなると、ほとんどの企業の採用活動は終了していた。各社の採用情報ページをみても、「本年度の採用活動はすべて終了しました」という告知が目立った。夏採用や通年採用[*2]をやっている企業もあったが、枠は少なそうだ。

未練はあった。だけど、これ以上、大企業にこだわって〝無い内定〟状態を続けることのほうが怖かった。

何も、大企業ばかりが企業じゃない。ボクにとっての「いい会社」はほかにもあるはずだ。

そう言い聞かせて、ボクは大企業をあきらめることにした。

そして、大企業の子会社と優良中堅・中小企業にターゲットを定めた。

業界は食品とＩＴに絞った。これまでの研究と経験から、この二つの業界に

＊２　採用の時期
通年採用、夏採用や秋採用、既卒者を含めた採用など、同じ企業の中でも、いくつかのパターンを併用している場合もあり、実に多様化している。最近では留学帰りの人材などを採用するために、遅い時期の採用を強化している企業も。とはいえ、大企業の場合、基本は初期の日程で多くの人材を獲得する。

はだいぶ詳しくなっていたし、興味も深まっていたからだ。

背水の陣だった。だから、ジミーさんとも相談して、SMOKEでのバイトをしばらく休むことにした。就活に集中することにしたのだ。

就活用にでっち上げた〝都合のいい自分〟？

ボクは再び、就活ノートを片手に「気になる会社」をピックアップしていった。そして、エントリーシートを送り続けた。

これまでの経験が生きたのだろう。エントリーシートが通る確率は上がったし、1次面接を通過する企業も増えた。2次面接を通過する企業もチラホラ出始めた。

ただ、しょせん〝善戦マン〟[*3]だった。3次面接や最終面接をどうしても突破することができなかった。

苦しい戦いが続いた。ジミーさんに言われたように、ときどきは休んだ。そして、映画を観たり、本を読んだりしながら、なんとかモチベーションを維持

＊3　善戦マン
善戦はしても、勝てない人のこと。

していた。

しかし、就活ノートの「持ち駒リスト」は、次々と消されていった。その数は、大企業も含めると40社を超えていた。〝二重線〟で塗りつぶされたそのページは、まるで**ズタズタになったボクのココロ**のようにも見えた。

そして、再び「持ち駒」が尽きかけた6月下旬――。

ボクは思わぬ痛手を被った。


それは、大手食品メーカー子会社の2次面接でのことだ。

その会社はボクにとって本命企業のひとつだった。だから、ジミーさんに教わったとおり、綿密に取材をしたうえで面接に臨んだ。

面接は順調に進んでいた。ふたりの面接官は、ときどき身を乗り出しながら、ボクの話に耳を傾けてくれた。「これは、イケるかも」。そんな手ごたえを感じていた。

しかし、話が「学生時代の経験」になったときに暗転した。

ひとりの面接官が軽い感じでこう尋ねたのだ。

「どうして、軽音サークルをすぐにやめたの？」

それは、ボクにとって、できれば触れられたくないポイントだった。だから、少し身構えるような気持ちになった。

「あ、はい。高校のときからギターを練習していたんですが、サークルのバンド仲間とは技術とセンスに大きな差があったのです。迷惑をかけたくないと思って、やめることにしました」

「なるほどね……」

その面接官は納得したような表情をしていた。少しホッとしていた。ところが、もうひとりの面接官がこうツッコんできた。

「キミは、〝縁の下の力持ち〟でがんばるって言ってるよね？　だったら、どうしてそのサークルで〝縁の下の力持ち〟にならなかったのかな？　だって、バンドを組まなくても、マネジャー的な役割とか、いろいろできることはあったんじゃないの？」

「……」

ボクは思わず、言葉をなくした。

たしかに、そうだ。これまで、そのことに気付かなかったけれど、言われてみれば、たしかにそうだ。オレ、矛盾してるんじゃないか？　急に不安がこみ上げてきた。

そもそも、オレは、バンドで目立ちたかったんじゃないのか？　脚光を集めたかったんじゃないのか？　だけど、それがムリだとわかった。だから、逃げただけのこと。〝縁の下の力持ち〟なんて、ただ、就活用にでっち上げた〝都合のいい自分〟だったんじゃないのか……？

結局、ボクはこの質問にまともに答えることができなかった。

「い、いや、そんなに深刻な質問じゃないんだけど……」

そう面接官は声をかけてくれた。しかし、ボクは立ち直ることができなかった。そして、面接そのものが〝崩れて〟いったのだ。

結局、ボクは「変えることのできない過去」に負けてしまったのだ。

折れたココロ

大学では、ちらほらとリクルートスーツを脱ぐ学生も現れていた。

きっと、内定が出たのだろう。彼らは、すっきりとした顔をしていた。そして、自信にあふれているように見えた。

だけど、ボクは相変わらず〝無い内定〟。しかも、追い詰められていた。

くたびれたリクルートスーツを着て学食でご飯を食べていると、内定した学生[*4]たちが、楽しそうに夏休みの計画について話しているのが聞こえることもあった。そんなときには、思わず耳を塞ぎたくなった。

そんなある日のことだった。

授業を終えて面接に向かおうとキャンパスを歩いていると、後ろから声をかけられた。

下山だった。

かつて、一緒にバンドを組んでいたメンバーだ。担当はボーカル。彼がスタジオにギターをもってきたときに、ボクの人生にひとつのクサビが打ち込まれたのだ。

「よぉ、斉藤！　久しぶりじゃん！」

張りのある声に振り向くと、下山は普段着でニッコリ笑っていた。かつて腰まで届くほど伸ばしていた髪は、キレイに刈り上げられていた。

「あ、久しぶりだね」

＊4　内定後の学生
内定出しがひと通り終わると、企業に呼び出されて、内定者と社員の懇親会が行われる。内定辞退防止の側面もある。企業によっては内定者による研修旅行（実質、単なる拘束旅行ということも）もある。内定者研修が定期的に開かれることや、eラーニングを受けなければならないことも。また、採用活動に駆り出されることもある。

ボクは気後れしながら返事をした。

「これから面接？」

「そ、そうなんだ」

「がんばれよ！」

「あ、ああ。下山も就活？」

「ああ。でも、こないだ、なんとか内定とれてさ。大手じゃないけど、そこに決めたんだ」

やっぱり……。

ボクは敗北感を覚えた。

それは、ずっしりとした感触だった。

勝者と敗者。それは、ずっと変わらないんだ。

それでも、なんとか「おめでとう。よかったね」と伝えると、その場を足早に去った。

そして、呆然と町を歩き続けた。

ついに、内定……

7月になった。

〝無い内定〟のまま、持ち駒も尽きていた。

どん底だった。

母親からは毎日のように電話があったが、出る気になれなかった。留守電は聞かずに消去した。その度に、なんともいえない**罪悪感**を味わった。

そして、ただひたすら念じた。

なんとしても、内定がほしい……。

そんなある日のこと——。

一本の電話があった。ブラックスターというＩＴ企業からだった。

就職ナビでまだ募集をしている企業をいくつかリストアップしてエントリーをした、その一社だった。

「すぐに会いたい」

そう言われた。

もちろん、さっそく渋谷にあるその会社に行った。雑居ビルの7階にそのオフィスはあった。オフィスに入ると、リクルートスーツ姿の学生が10人くらい集まっていた。

しばらくすると、会社説明会が始まった。

登場したのは社長本人。ＩＴソリューションの今後の可能性について熱弁をふるった。ただ、あくまで一般的な話で、ブラックスターの業績についてはほとんど触れることはなかった。強調したのは初任給だった。なんと、27万円。凄まじく高額だ。

しかも、その日に、いきなり面接をやるという。一人ひとり、別の会議室に呼ばれていった。みんな、怪訝《けげん》な表情を浮かべながら会議室に入っていった。

そして、ボクの名前が呼ばれた。会議室に入ると、そこには先ほどの社長が座っていた。

いきなり、社長面接？　ボクは面食らった。はじめは緊張したが、その社長は実に気さくな人だった。そして、終始にこやかにボクの話に耳を傾けてくれた。こんなに、リラックスできた面接は初めてだった。

30分くらいだったろうか。短い面接の最後に社長はこう言った。

「いやぁ、私もこれまでいろんな人に会ってきたから、わかるんだ。説明会のときも、キミの態度がいちばんよかった。それに、コツコツと努力できるキミのような人が、私は大好きだ。君はきっと化けるよ。可能性にかけてみたい」*5

そして、ボクの目を覗き込んだ。

「どうだい、一緒に働かないか?」

これって、内定ってことか?

あまりに急な展開にびっくりした。

そして、ドギマギしながら尋ねた。

「あの……内定ってことでしょうか?」

「そうだ! うちのクルーにならないか? ウチは、一緒に働く仲間をクルーと呼んでいるんだ。ここに内定承諾書がある。キミにもいろいろ考えがあるだろう。1週間待つから、よく考えてほしい」

こうして、ボクは「**内定承諾書**」を手にその会社を後にしたのだった。

ビルを出ると太陽が照りつけた。暑い。ネクタイを緩めた。そして、渋谷の

＊5 ブラック企業のマインド・コントロール?
採用活動の過程で極端に褒めることによってやる気を高めたり、逆に人格否定をし、屈服させた上で「君はここで働くしかない」と仕向ける企業も。さらには、入社後に「君たちはカスだ。利益に貢献しない。働け」「仕事ができないのは、君が悪いんだ」と脅すことも……。

町を歩き出した。

相変わらず騒々しい町だった。騒音と人であふれ返っていた。だけど、ボクの心は浮き立たなかった。ただ、黙々と人ゴミのなかを歩き続けた。

な、い、て、い。

心のなかでつぶやいてみた。なんだか、ヘンな響きだった。

もう一度、つぶやいてみた。

やっと、内定が、出たんだぞ。

もう、〝無い内定〟じゃ、ないんだぞ。


でも、ぜんぜん嬉しくなかった。

ぜんぜん、グッとこなかった。

だって、重みが、まったくないんだ。

たった1回、それもたった30分の面接で、あの社長は、このボクのいったい何をわかってくれたというのか……。

どう考えても、あやしいじゃないか……。

やっぱり、オレはダメなんだ

部屋に帰ると、パソコンを立ち上げた。そして、「ブラックスター」を検索した。

予想どおりだった。

というか、そんな気がしていたからこそ、今までこの会社のことを検索する気になれなかったんだ。でも、現実を見つめなければならない……。

ネット掲示板のスレッド、元社員による告発ブログ……。ブラックスターに関するページはいくつもいくつもヒットした。検索候補もすごかった。「ブラックスター　ブラック」「ブラックスター　倒産」「ブラックスター　給与未払い」……。ブラックもブラック、真っ黒だ。

「給与未払い」について書いてあるブログにアクセスした。すると、「目標達成しない場合は給料を踏み倒される」「27万円というのは3ヶ月の試用期間が終わった後からで、たいてい3ヶ月以内で辞める」など詳細なレポートが書かれていた。

読みながら、胃がキュッと痛んだ。

情けなかった。

こんなに頑張ってきて、やっと手にできたのはブラック企業の「内定承諾書」だけ。こんなのって、ありかよ……。

ジミーさんの言葉が蘇った。

「人生には〝変えられるもの〟と、〝変えられないもの〟があるんだ。重要なのは、〝変えられるもの〟にフォーカスするってこと。そして、〝変えられないもの〟は受け入れるしかない。そして、胸を張るんだよ」

そうだ。ボクはこの言葉を信じて、ここまで必死にやってきた。社説ワーク、企業研究、自己分析、ＯＢ訪問、面接……。これまでの人生で、こんなに一生懸命やったことなんてなかったよ。**自分に胸を張りたかった**。そんな自分になれるんじゃないかと思って、精一杯やってきたんだ。

なのに、これかよ……。

どうせ、ダメなんだよ、オレは。

どんなに頑張ったって、**ダメなものはダメなんだよ……**。

ふと、机の上に積み重ねていた就活ノートが目に入った。

手にとって、パラパラとめくった。

そこには、ボクの就活の記録がギッシリと詰まっていた。それは、ボクの「希望」そのものだった。だけど、幻だったんだ……。

じっと見つめていると、目から涙がこぼれた。

もっと自分を大切にしなよ！

しばらく部屋に閉じこもった。

どうしても、就活を続ける気力が湧かなかったのだ。

気分を変えようと映画も観た。本も読んだ。だけど、もうその世界に入ることができなかった。

そして、何度も「内定承諾書」を手にとった。

もう、いいじゃないか。

これだって、精一杯やった結果には違いない。

オレみたいな人間は、**ブラック企業にでもすがらなきゃ生きていけないんだ。**

もともと暗い人生だ。ブラックでも暗さは変わらない。むしろ、「無い内定」よりは明るい。そう思うようになっていた。

そして、1週間の猶予はあっという間に過ぎ去ろうとしていた。


猶予期限前日の深夜、ボクはSMOKEに向かった。

ジミーさんに、内定の報告に行くことにしたのだ。

お店の前に着くと、すでに外灯は消えていた。窓から、カウンターでタバコを吸うジミーさんの姿が見えた。なんだか懐かしかった。

ドアの前で少し躊躇してから中に入った。

ボクの顔を見ると、ジミーさんはニッコリ微笑んだ。

「あら〜、晃彦じゃない。なんか、久しぶりだね〜」

そして、ボクを座らせると、「ビールでも飲む?」と言いながらカウンターに入った。

「どう? 就活は頑張ってる?」

「え、ええ……」

「なんか、元気ないね? うまく行ってないの?」

「……」

ボクは、何と報告しようか言葉を探した。

「なんだよ〜。どうしたんだよ？」

そう言いながら、泡がこんもりのったビールをボクの前にトンと置いた。

「あ、あの……。実は、ボク……内定もらったんです」

思い切って報告した。

「え？」

ジミーさんは、不安げな表情を浮かべながらこう尋ねた。

「そうなの？　でも、ぜんぜん嬉しそうじゃないじゃん？」

「そ、そんなことはないですよ」

「なんていう会社なの？」

「……ブラックスターという会社です」

「ブラックスター？　なんか聞いたことあるなぁ……」

そう言いながら、ジミーさんはノートパソコンを開いた。

会社を調べるんだろう。ボクは、身をすくめた。

案の定、ジミーさんの表情はみるみる険しいものになっていった。

「やっぱり……」

深いため息が聞こえた。

「で、どうすんの？」

「明日が、内定承諾書の締め切りなんです。ここで決めようと思ってます。今日は、その報告に来たんです」

「それで、就活やめる気？」

ボクは頷いた。

「アンタ、それでいいの？」

「……」

「その社長は、晃彦のどこをどう評価したっていうの？」

「……」

「メチャクチャな会社だよ？」

「……」

「黙ってちゃ、わかんないよ」

「……」

「どうなのよ？」

問い詰められたボクは、小さな声でこう言った。

「わかってますよ……。そんなの、わかってますよ」

ジミーさんは語気を強めた。

「じゃ、**自分を安売りするんじゃないよ！**」

顔を引っぱたかれたような気がした。

反射的に、ボクは大声を出していた。

「そんなこと言ったって、オレ、こんなに頑張ってもぜんぜんダメじゃないですか？　もう、これ以上、就活なんかやってらんないですよ！」

「**バカ！　そんな簡単にあきらめるなよ！　もっと自分を大切にしなよ！**」

ボクは、もうどうしたらいいかわからなかった。

衝動的に立ち上がると、目の前のビールを手の甲で払いのけた。グラスは倒れ、ビールが飛び散った。そして、こう叫んだ。

「あなたは、ボクのことなんて何にもわかっちゃいないんだ！」

ジミーさんは、驚いた表情でボクをじっと見つめた。

「だって、あなたは一流大学出身だ！　大手の博通エージェンシーに入って、コピーライターで成功したんでしょ？　エリートじゃないですか？　そんな人にボクの気持ちなんてわからない。ボクとは違うんだ。ボクのような人間は、ブラック企業にでもすがらないと生きていけないんですよ！　仕事に貴賎はないって言ったのはあなたじゃないですか？　どうせ、もともとボクなんか、ブラックな人間なんだ。そんなボクが、ブラック企業に行って何が悪いっていうんだ！」

そう叫びながら、ボクは泣きじゃくっていた。

店を飛び出した。

泣きながら、全力疾走した。

どこに向かっているのか、自分でもわからなかった。

徹底的に、やり抜け！

気が付くと見知らぬ公園の前に立っていた。

街灯がスベリ台やブランコをボンヤリと照らしていた。小さいころのことを思い出した。あのころはよかった。いつだって、そばには母親がいた。そして、ボクのことを見守ってくれていた。

ボクはベンチに腰をかけた。そして、目をつぶった。

ジミーさんの驚く顔、倒れたグラス、飛び散ったビール。それらがまざまざと思い出された。ボクは両手で頭を抱えた。そして、髪の毛をギュッと掴んだ。何てことをしてしまったんだ。いつも励ましてくれたジミーさんを、傷つけてしまった。東京でたったひとり、心を開ける人を傷つけてしまった。

これでもう、本当にひとりぼっちじゃないか。オマエに残されているのは、ブラックスターの「内定承諾書」だけ。そんなもののために、いちばん大切なものを失ってしまったんだ……。ボクは、自分を責めることしかできなかった。


帰宅したのは明け方だった。

歩き疲れたボクはベッドに倒れ込むと、すぐに眠りに落ちた。どのくらい眠っていたのだろうか？　ｉＰｈｏｎｅがブルブルしたので目が覚めると、部屋は真っ暗だった。もう、日が暮れていたのだ。

テーブルの上に置いたあったｉＰｈｏｎｅを手にとった。一瞬、メールを開くべきかどうか迷ったが、意を決して開いた。

やはり、ジミーさんだった。ボクは、おそるおそる読み始めた。

「晃彦へ　こんばんは。ジミーです。

晃彦のことだから、昨日のことでひどく落ち込んでるんじゃない？　安心しな。怒ってなんかないよ。アタシのほうこそ、励ますつもりが、かえって晃彦を追いつめてしまったかもしれない。ごめんよ。

でもね、本当のこと言うと、アタシ嬉しかったんだ。だって、あんな大声を出す晃彦って初めてみたからね。思ったよ。晃彦は必死で生きてるんだなって。前にも言ったよね？　かっこよく生きる必要なんてない。上手に生きる必要もない。だけど、真剣に生きろって。きっと、今、晃彦の中では、いろんな感情が渦巻いていると思う。でも、それでいいんだよ。若いうちは、みんなそんなもんだよ。真剣に生きるって、そういうことなんだ。

ただね、自分を安売りしたら絶対にダメ。だって、晃彦はグッとくる人生を送りたいんだろ？　〝何か〟に打ち込むような生き方がしたいんだろ？　だったら、**自分にウソついちゃダメ**だよ。ちょっとくらい苦しいからって、**安易な道に逃げ込むようなことをしちゃダメ**なんだ。

晃彦は、就活の初歩を忘れてんだよ。言ったよね？　内定をゴールにしたら、就活は失敗するって。いまの晃彦が、まさにそれだよ。

もちろん、誰にだってブレることはある。特に、就活はブレる。内定するか祈られるかだからね。祈られてばっかりいたら、誰だって不安になる。それで、好きでもない子に告白したり、好きでもない子の誘いに乗ってしまいそうになる。だけど、それで**大事なものを失ってしまうんだ**。

少し、アタシの話してもいいかな？

アタシにだって、ツライ時代はあった。父親を早くに亡くしたんだ。母親はそんなことを感じさせないように育ててくれたけど、「あそこの家は片親だ」ってみんなが言う。それに、背が低くて太ってるでしょ？　ガキどもの格好の標的にされたよ。よくひとりで泣いた。〝どうせ、アタシなんて〟とか思ってたね。

でもさ、やっぱり悔しいじゃない？　やられっ放しでたまるか、って思ったよ。だから、中学の頃から死ぬほど勉強を頑張った。それで、やっとの思いで有名大学に入ったんだ。

まぁ、たしかに、有名大学の学生だったことは就活には有利だった。それは、認めるよ。でもね、たかだか就活くらいで、人生なんて決まらない。大企業に入ったからって偉くもなんともないよ。これは、断言できる。そんなことよりも、**今いる場所で、どう生きるか、どう働くかってことが大切なんだ。**

仕事って厳しいもんだよ。そりゃ、そこそこでいいんなら話は別だよ？　だけど、心が震えるような仕事がしたいと思うなら覚悟したほうがいい。

厳しい先輩の話は前もしたよね？　それにくじけて辞めていったヤツもいたけど、アタシはやり続けた。だけど、どうしてもうまくいかなくてさ。他人がつくったヒット・コピーのマネっこを提出したことがあるんだ。そしたら、その先輩が激怒してさ。〝こんな安易なことするんなら、とっととやめちまえ！〟〝ダメでもいいから、自分の言葉で書け！〟ってね。こたえたね。だって、アタシ自身、ぜんぜん納得してなかったんだから。アタシもブレてたってことね。だから、もう一回、ゼロから出発するつもりでコピーを書き始めた。ヘタくそでも、自分の言葉でつくり続けたんだ。まぁ、相変わらずその先輩からは酷評され続けたけどね。でも、〝これこそアタシのコピーだ！〟って心の底から思えるようなものが作れるまで、意地でも続けてやるって思ってた。

数年かかったよ。でもさ、気づいたら、できてたんだよ。それで、賞までもらった。嬉しかったね。心が震えたよ。

でも、そのとき考えたんだ。もし、努力しても評価してもらえなかったらどう思うだろうって。ツラくて苦しいだろうと思った。だけど、あきらめずに努力し続けた結果なら、いつか納得できる日が来るような気がした。それも、グッと来る人生なんじゃないかって思った。いい加減なマネっこコピーをつくってたら絶対に納得なんかできないよ。そんな人生はイヤだって思ったんだ。

もうわかるでしょ？　グッとくる人生を送るために大切なのは、真剣に努力をし続けるってことなの。そして、自分で納得できないことはやらないってことなんだ。自分にはウソはつけない。安易な道に逃げることに、いくらもっともらしい理由をつけたって、自分がそのウソをいちばんよくわかってるんだ。

でもさ、実際には自分にウソをつきながら生きてる人ばっかりだよね。

アタシがいた会社だってそうだった。みんなお偉いさんやクライアントの顔色を窺いながら、迎合するようなコピーをつくってた。もちろん、クライアントの要望には応えなければいけない。それが、コピーライターの仕事だ。だけど、そのことと、迎合して〝自分の言葉〟を捨ててしまうことはまったく違う。だけど、そのほうが楽なんだよね。で、結局、没個性な、グッとこないコピーが量産されていく。しかも、誰も幸せそうじゃない。

アタシは、それが許せなくてね。会社を変えてやろうと思った。もっと、一人ひとりが、**自分に正直に、心から納得しながら働く**、そんな会社にしたかったんだ。それで、人事部に異動願いを出して、採用担当になった。

面接で会う学生のほとんどは〝自分の言葉〟をもっていなかった。どこかで読んだ本の受け売りばっかりさ。そして、博通エージェンシーに入るためにあつらえた自分を演じてるんだ。悲しくなったね。でも、思ったよ。オトナも一緒じゃん、て。みんな、周りに合わせるために、自分を殺してしまう。

こんなバカげた状況を変えるために、アタシは次々に採用活動の改革を提案していった。ビジネスコンテストを通じた採用をしたり、イノベーター枠をつくってトガッた学生にはいきなり社長面接をしたり、海外にも採用活動に出かけていったり、とにかく「芯」のある学生を見つけ出すためにあらゆることをやったんだ。だけど、だんだん目障りになってきたんだろうね。お偉いさんから圧力がかかるようになって、あるときあっさりと異動で飛ばされた。

それで、会社を辞めたんだ。

まぁ、世の中は生きづらいもんさ。

就活だって茶番と偽善だらけ。会社も学生も自分をよく見せようとウソばっかりついてる。それは、社会に出てからも同じ。というか、**社会がそうだから、就活もおかしくなっちゃう**んだよ。

でも、だからこそ、晃彦には強く生きてほしい。自分にウソをつきながら生きるようなオトナになってほしくないんだ。そのためにも、こんなところで妥協しちゃダメ。**徹底的に就活をやり抜くんだ**。自分にピッタリな会社は簡単にはみつからない。でも、だからこそ、出会えたときが嬉しいんじゃないか。

それこそが、アンタが求めているグッとくる生き方なんだよ」

長い長いメールだった。何度も読み返した。

そこには、まるでボクの本心が書かれているような気がした。そして、思った。とことん戦おう。もしかしたら、いつまでたっても内定が出ないかもしれない。でも、とにかく納得できるまで戦おう。それは、内定をもらうためじゃない。**ボクの人生のためなんだ**。

そして、こんなメールを書いた。

「メールありがとうございました。昨日は、本当にすみませんでした。頭が混乱して、どうしたらいいかわからなくなっていました。それに、きっとボクは、怒りや不安をぶつけることで、ジミーさんに甘えたかったのだと思います。
でも、ジミーさんのメールで気持ちが固まりました。徹底的に戦い抜きます。
そして、納得できる内定が出るまでジミーさんに会わないことに決めました。誰にも甘えずに、ひとりで戦いたいんです。大人になるために」

すぐに返信がきた。

「メール、嬉しく読みました。納得できるまでとことんやりな。ひとつだけアドバイス。これからは長期戦になる。だから、自分のペースを早くつかむんだ。そのためにも、週に3社応募し続けること。これが、最後のアドバイスだよ」

翌日、ボクはブラックスターに内定辞退の連絡をした。しつこく「ウチに来てくれないか?」と口説かれたが、意思をもって断った。

そして、再び「就活ノート」を手にした。

斎藤晃彦、再起動だ。

ジミーさんの教え㉒

「自分にウソをつくオトナになるな！」

第9章

最終決戦が、やってきた。

【大学4年8月】

→ 最終面接

求人は、ある

もう、7月も終わろうとしていた。

就職ナビのトップ画面も就活ピーク時とは様変わりしていた。大企業の選考がほぼすべて終わっていたからだ。それに、説明会情報をみても、聞いたことのない会社がほとんどだった。

それでも、たしかに、求人はあった。

ナビサイトには、まだまだ説明会情報が更新されていたし、企業からのDMも届いた。よく探せば、準大手といわれる規模の企業や、地味ではあるが堅実なB2B企業が見つかった。これから募集開始という企業もあった。

キャリアセンターにも、求人はたくさん届いていた。なかには、内定辞退者が相次いだために、いくつかの大学限定で追加募集をかけている企業もあった。

学生にとっては就職難だが、企業にとっては採用難というわけか?

そんなことも思った。

いずれにせよ、**チャンスは、まだこれからだ。**

＊1 未内定者のための求人情報の探し方
①大学のキャリアセンターに行く
↓リレーションの強い企業の追加募集、地域の中堅・中小企業からの求人がきていることも。
②官庁、自治体主催のイベント
↓キャリアセンターや、公共交通機関の広告などで告知されているのでチェック。その場で面接を受けることができる場合も。
③公共機関に相談する
↓ジョブカフェ、ヤングハローワークなどで相談してみる。
④新卒系の人材紹介を活用する
↓新卒に特化した人材紹介会社があるので、そちらに登録、相談してみる。
⑤企業のホームページをチェック

ボクは戦い抜く覚悟を固めていた。

「週に3社応募し続けるのよ」

ジミーさんのアドバイスだ。

未内定者が内定にいたるには、週に3社、丁寧に応募し続けることが大切だというのだ。就活は先の見えない戦いだ。そして、長期戦も覚悟しなければならない。だから、あまり自分に負荷をかけすぎてはいけない。燃え尽きてしまうからだ。とはいえ、気を抜いてしまってもいけない。**集中力を維持する**。これが就活の「キモ」なのだ。だから、「週に3社」というペースをつかむことが大切なんだろう。

週に3社というのは、一見すると楽勝のようにもみえる。しかし、「丁寧に」という前提がつくと、けっこうしんどい。「これだ」と思う3社を見つけるためには、少なくともその3〜5倍の企業を調べなければならない。そして、3社ずつ応募していけば、それが積みあがりスケジュールがタイトになってくる。

正直に言うと、苦しい戦いだった。

猛暑のなか、先が見えない不安を抱えながら、何社も訪問し続けるのは苦行

→就職ナビサイトに求人を出せない企業などが、自社サイトに直接求人を出している場合も。

⑥中途採用媒体をチェック
→中途採用の媒体には、新卒を同時募集している求人があることも。

⑦直接問い合わせてみる
→興味がある企業があったら、ダメ元で直接聞いてみるのも手。

⑧先生、家族、親戚、友人に紹介してもらう
→いわゆるコネに近いが、相談してみる価値はあり。

＊2 数値目標を設定する
「英語を上手くなるよう頑張ります」と宣言した人は果たして上手くいくだろうか？多くの場合、いかない。実はやることが何も宣言されていないからだ。「毎週3社応募する」というように、数値目標を設定することによって、行動管理を行い、確実に実行に移すという方法もある。

そのものだった。早くスーツを脱ぎたい。早く楽になりたい。何度、そう思ったことだろう。しかも、町には真新しいリクルートスーツを着た学生が少しずつ増えていた。3年生だ。インターンシップの説明会や選考が始まっているのだろう。就活の「疲れ」を知らない彼らが、少しうらやましかった。そして、〝**周回遅れ**〟を苦々しく思わずにはいられなかった。

だけど、とにかくボクは、「週に3社」というペースを守り続けた。続けることが大切なんだ。そう、何度も自分に言い聞かせていた。

出会いも、ある

そんなある日——。

ついに、ボクは「これだ！」と思う会社を見つけた。

「ネクスリンク」

B2BのIT企業である。

見つけたのは大学のキャリアセンターだった。掲示板に求人チラシが貼り出してあったのだ。備え付けのPCでホームページを確認すると、たしかにまだ採用活動を続けていた。ボクは、さっそくそのサイトを読み込んでいった。

この会社はもともと、ある大手企業の一事業部門だった。25年前にできた事業部だったが、10年ほど前に分社化したのだ。業績が悪かったわけではない。その大手企業が経営方針を変更したことで、本業とその事業とのシナジー効果が見えなくなったため、分社化したうえで、別の大手ＩＴ企業グループに売却したのだった。ちなみに、現在の親会社は東証一部に上場している。

主力商品は、マーケティング活動を支援するツールだ。これを、それぞれの会社の特性にあわせてカスタマイズして提供していくわけだ。いわば、さまざまな企業活動の「縁の下の力持ち」である。取引先も非常に多く、８０００社を超えていた。従業員は１２０名、売上は約80億円。ベンチャー企業としての活気をもちながらも、安定感のある経営を展開しているようだった。

特に興味をそそられたのが「企業風土」だった。まず、人員構成のバランスがとてもいい。ベテランから若手まで揃っているし、事業部門時代からの転籍組もいれば、分社化後の新卒・中途採用組もいる。しかも、最近は20代の若手社員の比率を高めているうえに、仕事も大胆に任せ、結果を出せば抜擢《ばってき》する社風のようだ。

もっと詳しく調べる必要がありそうだ。

そう思ったボクは、その場で説明会に応募すると、さっそく図書館に向かった。その会社に関する過去の記事はもちろん、ホームページに掲載されていた導入企業についても調べた。さらに、同業他社の情報もチェックし、この企業の強みと弱みも整理してみた。

この会社の最大の強みはシステムの開発力だった。もちろん、優れた設計者とエンジニアがいるからだ。そして、ボクが注目したのは営業力だった。クライアントの「求めるもの」を徹底的にヒアリングしたうえで、開発部門とともに最適な提案を立案。導入後は、丁寧なアフターフォローを欠かさない。この営業力も大きな強みだと感じた。


そして、説明会当日——。

会社は神谷町にあった。

中規模のオフィスビルの5階。なかなかかっこいいエントランスだった。

説明会の参加者は約30名。ボクは迷わず、いちばん前の席に座った。

登場したのは、現場で活躍している3名の営業担当者だった。仕事の魅力、厳しさと喜び……。そんなことを教えてくれた。事前に調べていたことを裏付けるエピソードも聞くことができた。

約1時間のプログラムが終わると質問タイムだ。ボクは3つの質問をした。

「この企業の営業担当者で優秀と評価されるのはどんな人ですか？」

「もっとも顧客から感謝された仕事は何ですか？」

「この企業ならではの強みは何ですか？」

3名の社員は真剣な表情で答えてくれた。印象に残ったのは高橋さんという男性社員だった。彼は、こんな話をしてくれた。

「営業マンにもいろんなタイプがいますから、このような人が優秀だと一言でいうのは難しいですね。優れたコミュニケーション力でクライアントの〝言葉になっていない〟要望を引き出す人もいれば、クライアントと社内開発部門の間に立ってとにかく粘り強く最適なシステムをつくりあげる人もいる。それぞれ、強みも弱みも違うんです。ただ、ひとつ共通していることがあるとすれば、仕事に真剣に取り組むってことですかね。そういう姿勢があれば、必ずその人なりの強みをいかした営業ができるようになる。そして、周りからも評価されるようになるんじゃないでしょうか」

一言一言をかみ締めるように話す人だった。その真摯に語る姿はとても魅力的だった。もちろん、説明会には会社のエース級を出しているはずだ。きっと、高橋さんのような社員ばかりではないんだろう。だけど、高橋さんのもっている「空気」は、企業研究で感じていた「社風」のイメージそのものだった。

ボクは、「ありがとうございました」と言いながら、胸を熱くしていた。

そして、**「絶対にこの会社に入る」**と心に誓ったのだった。

たしかな手ごたえ

エントリーシートは言葉に詰まることなく書くことができた。綿密に取材したので書く材料には困らなかったし、何より志望動機に曇りがなかった。自分の思いをストレートに表現すればよかったのだ。

書類選考は無事通過。1次面接は4日後と記されていた。ボクはそれに向けて、体調を整え[*3]、気持ちをアゲていった。

＊3　体調管理はスポーツ選手に学べ
スポーツ選手のインタ

そして、当日――。

面接会場である会議室に入って驚いた。なんと、面接官のひとりが高橋さんだったのだ。高橋さんもボクのことを覚えてくれていた。目があった瞬間に、目を輝かせて会釈をしてくれたのだ。

席に着くと、さっそく会話がはずんだ。

「ああ、キミでしたかぁ。この間の説明会でまっさきに質問してくれたよね？」

「あ、はい」

「鋭い質問だったから、こちらが緊張してしまいましたよ」

そういうとニッコリ笑った。もうひとりの面接官である女性人事担当者もこう言ってくれた。

「そうよねぇ……。あんなに営業について熱く質問する学生さんって、はじめてだったかも」

少しくすぐったかった。でも、いきなり褒められて嬉しかった。

「ありがとうございます。御社のことを調べるなかで、クライアントの信頼を集める営業力に強い魅力を感じていました。それで、ついつい気持ちが高ぶってしまいました」


ビュー、ドキュメンタリーなどは、本番に向けた心と体の管理という意味で参考になる。

そう言うと、ふたりは微笑みながら頷いていた。

和やかな雰囲気のなか、実にリラックスして話すことができた。面接というより、面談のような雰囲気だった。

自己PR、学生時代に力を入れたこと、志望動機などベーシックな質問にはなんなく答えることができた。質疑応答では、こんな質問をした。

「御社の営業マンの武勇伝[*4]をお聞かせいただけませんでしょうか？」

営業マンの話をもっと具体的に知りたかったからだ。そんな具体的なエピソードのなかにこそ、この会社の「本質」が現れると思ったのだ。

高橋さんは「そうだなぁ……」とちょっと考えたうえで、いろんな営業マンの話をしてくれた。アプローチしていた会社の担当部長を〝出待ち〟して口説き落とした営業マンもいれば、クライアント先のことを調べつくしてマーケティング以外のことでも相談されるようになった営業マンもいた。ちなみに、その営業マンは、そのクライアントに要請されて、毎月2回、先方の定例会議に参加しているという。その他にも、実にさまざまなタイプの営業マンがいた。そして、ワクワクするような話ばかりだった。ボクは身を乗り出すようにして話に聞き入っていた。

＊4　武勇伝を聞け
その企業や、その人の仕事に関する「武勇伝」は、その企業の強みや、大切にしていること、仕事のこだわりなどが垣間見られ、企業や仕事を理解するのに役立つし、モチベーションも上がる。

そして、こう尋ねた。

「皆さん、とても個性的ですね。つまり、御社では社員一人ひとりに判断を任せる社風が根付いているということでしょうか？」

「そうですね。その分、責任も重い。はじめのうちは、それがキツイと感じることもあるかもしれません。だけど、そこを乗り越えて力をつければ、とてもおもしろい仕事ですよ」

「はい。コツコツやるのはボクの信条です。苦しくても、なんとかそのカベを乗り越えてみせます」

30分の面接時間はあっと言う間にすぎた。とても、充実したひと時だった。面接官のふたりも満足そうな表情にみえた。

こんな面接は初めてだった。手ごたえバッチリだった。

だから、帰り道、最寄駅の屋上にあるビアガーデンに入ることにした。祝杯を上げようと思ったのだ。

ビルの屋上にあるビアガーデンには、穏やかな風が吹いていた。仕事帰りのサラリーマンに混じって、出されたビールをゴクゴクと飲んだ。気持ちよかった。会社帰りのビールって、こんな感じだろうか？　高橋さんとこうやってお酒が飲めたら楽しいだろうな。そんなことを思った。

すると、ｉＰｈｏｎｅがブルブルと震えた。電話の着信だ。「03」から始まる番号だった。ネクスリンクだ。

「2次面接に進んでいただくことになりました」

「あ、ありがとうございます！」

ボクは思わず立ち上がって大声で返事をした。周りのサラリーマンがびっくりしてボクに注目した。そして、何度もお辞儀をするボクに拍手を送ってくれた。嬉しかった。だから、電話をしながら周りの人にもお辞儀をしたんだ。

階段を駆け上がる

数日後、2次面接があった。

今度の面接官は営業課長と人事課長。前回の和気《わき》藹々《あいあい》とした面接とは違って、これまでの体験について相当ツッコんだ質問もあった。

「サークルをすぐに辞めてしまったのはどうして？」

来た。これまで、何度もボクを苦しめてきた質問だった。落ち着け。正直に、だけど確信をもって答えるんだ。そう、言い聞かせた。

そして、まっすぐ面接官の目を見ながら、こう話した。

「私は、高校時代からギターを練習していました。ステージに立つのが夢でした。しかし、サークルのメンバーとは実力に差がありすぎました。それで、身を引くことにしたんです。

このことを、少し後悔しています。なぜなら、マネジャー的な仕事など、ボクにもできることがあったはずだからです。それが、小さいころから〝縁の下の力持ち〟を務めてきた自分を生かす方法だったと思っています。

ただ、この経験で学んだこともあります。脚光を浴びることよりも、自分を生かすことのほうが大切だということです。社会人になったら、このことを忘れず、どんな状況でも、自分を生かす方法を考え抜いていきたいと思います」

「なるほど……」

ふたりは、納得してくれたようだった。

こんな変化球質問もあった。

「1000万円あったら何に使う？」

一瞬、答えにつまった。質問の意図は何だ？　ちょっと立ち止まって考えた。

多分、ビジネスセンスを問うているのだろう。ビジネスの現場では、常に臨機応変に対応しなければならない。その点も見ているのかもしれない。

そして、こんなふうに答えた。

「今、中高年を中心に輸入高級ギターが密かなブームとなっています。そして、円高です。ですから、ロサンゼルスの中古楽器センターで高級ギターを調達して、日本で売ります。1000万円を2000万円以上にできます」

「なるほど、それは面白いね！」

営業課長が身を乗り出してきた。思わず心の中でガッツポーズをした。

最後には、「何か質問はありませんか？」と尋ねられた。

ボクはこう尋ねた。

「若手の部下をご覧になって、今の営業担当者に足りないと感じる力は何でしょうか？」

すると、営業課長は腕組みをして考え込んだ。そして、日ごろの悩みを真剣な表情で語り始めた。

「クライアントの要望の掘り下げが甘いんだよね。お客さんは、必ずしもご自分の問題を完全に把握しているわけじゃないんだ。だから、お客さんの言ったことを持って帰ってくるだけじゃ足りないんだよ。そうじゃなくて、いろんな質問をしながらお客さんが抱えている問題の〝核心〟を見つけ出してあげなければならない。このあたりの取り組みが弱いんだよ。それにね……」

話は尽きないようだった。途中で、人事課長が「じゃ、そろそろ時間だから……」と言うくらいだった。面接官に気持ちよく話してもらえたこと、そして何より、この会社の営業課題が把握できたのは大きな収穫だった。

このときもすぐに連絡があった。通過だ。

数日後、再び会社を訪れた。

3次面接は、人事担当者との1対1の面接だった。いや、面接というよりも、最終面接に向けた意思確認のようだった。面接官は、1次面接でも登場した若い女性人事担当だった。

「これまでの面接はいかがでしたか?」

「は、はい。営業担当の皆さんの仕事に対する姿勢に触れることができて、さらにやる気が高まりました。面接では、うまく答えられないこともありましたが、ちゃんと私という人間を見ていただいていると感じました」

彼女は深く頷きながら、笑顔で受け止めてくれた。そして、こう言った。

「斉藤さん、面接官はみんな、アナタのことを評価していましたよ」

「ほ、ほんとですか？」

「謙虚で、貪欲《どんよく》に学ぼう、成長しようという姿勢に好感がもてると言ってました。それから、弊社のことをよく理解しているという声もありましたね。まぁ、もっとリラックスしたほうがいいかな、とも思いましたけど」

彼女は、少しイタズラっぽく微笑んだ。

その後、現在のボクの内定状況や他社の進捗状況、それから志望度などについて確認をしたうえで、こう言った。

「では、次の役員面接、がんばってくださいね。これで最後になります」

「は、はい！　よろしくお願いします！」

信じられなかった。

そして、喜びが湧き上がるとともに、ジワジワと緊張感がこみ上げてきた。

最終面接は1週間後だった。

その間も、他社の面接が入っていた。もちろん、それらも力を抜かなかったが、照準はネクスリンクの最終面接に絞っていた。

そして、前夜――。

ボクは早めに床についた。しかし、なかなか寝付かれなかった。眠ろうとすればするほど、目が冴えてくる。眠らなきゃ、と焦りも感じたが、こうなるのも仕方がないとも思えた。だって、さんざん失敗をしながら、ようやくたどりついた最終面接だ。しかも、心から入社したい会社である。緊張しないほうがおかしい。明日で**「人生が決まる」**ような気さえした。

2時間たっても眠れなかった。近所を散歩することにした。何も考えずにブラブラと歩いた。空を見上げるとお月さまが見えた。綺麗だな、と思った。

ついに、最終決戦！

そして、最終決戦の日を迎えた。

ボクは早めに起きて、近所の神社にお参りに行った。奮発して1000円札を賽銭箱《さいせんばこ》に投げ込んで、手を合わせた。そして合格を祈った。

開始1時間前には会社近くの喫茶店に入った。そこで、就活ノートを読み返しながら想定問答を繰り返した。そして、「大丈夫。オマエの思いを素直にぶつければ大丈夫だ」と自分に言い聞かせながら集中力を高めていった。

さぁ、いくぞ。

背筋を伸ばして立ち上がった。勘定を済ませて外に出ると、夏の日差しが容赦なく照りつけた。目を細めて見上げると、目の前に会社が入っているビルが見える。「ここに入社するんだ」。そう思った。

ビルに入り、エレベータのボタンを押した。深呼吸をして、呼吸を整えた。

それでも、緊張は解けなかった。

5階で降りると、例の女性人事担当者が迎えてくれた。

「いよいよ最終です。がんばってくださいね。いつもどおりの、素の斉藤さんをみせてください」

そう励ましてくれた。少し、気持ちがほぐれたような気がした。

そして、時間が来た。

ゴージャスな役員会議室に通された。社長、専務、取締役、そして人事部長。

役員がずらりと座っている。圧倒された。

「じゃ、自己紹介してくれるかな」

司会役の人事部長に促されて、ボクは「はい」と大きな声を出した。腹に力を込めなければならなかったが、第一声を発すると気持ちが楽になった。そして、プロフィールや学生時代に取り組んだことなどについて簡潔に話した。

終わると、ぶっきらぼうな声が響いた。

「法人営業をやりたいんだって？　優秀な営業ってどんな人だと思う？」

さすが、役員だ。ズドンと直球で来る。ひるみそうになる気持ちをグッと締め上げて、こう答えた。

「顧客が気づかない課題まで把握し、指摘し、期待をはるかに上回る価値を届けられる人だと思います」

質問した役員は、「それで？」というような表情をした。

そこでボクは、世の中で活躍している営業マンの特徴や、高橋さんをはじめとするこの会社の営業マンの話を聞いて感じたことなどを率直に伝えた。さらに、アルバイトの経験を踏まえて、お客さまに本当に喜んでもらうためには、期待や想像をはるかに超えなければならないことを話した。

その役員は、深く頷いてくれた。

ホットする間もなく、別の役員の質問が飛んだ。

「キミが、これまでに大切にしてきたことは何だね？」

「は、はい。コツコツと頑張ること、人を支えること、そして細部にまでこだわることです。小さいころから、〝縁の下の力持ち〟の役割をたくさん務めてきました。目立つことは多くありませんでしたが、コツコツ頑張りぬいてきました。そして、誰かを支えたり、誰かに喜んでもらうことにやりがいを感じてきました。学生時代のバイト先でも、どうすればお客さまに喜んでもらえて、売上げアップにつながるのか、それを考え続けました。また、お客さまに少しでも気持ちよく過ごしていただけるように、毎日、お店の掃除を続けました」

その後も、役員たちの威圧的な質問は続いた。ときどき言葉につまることもあったが、なんとか体勢を立て直して受け答えをすることができた。

そして、そろそろタイムオーバーというころ、こんな質問が飛んだ。

「ところで、**ウチの会社は第一志望なのかね？**」

ボクは少し息を吸い込んでからこう言った。

「はい、第一志望です」

そして、こう続けた。

「でも、本当のところは、まだ働いたこともないので、御社が第一志望だとか、そんな無責任なことは言えません。ただ、御社の社員と会い、ビジネスモデルを見て、この人たちと働きたい、このビジネスを伸ばしたい、御社と一緒に成長したい、と思うようになりました。この仲間たちと切磋琢磨しながら成長したいんです。この社風のなかで働きたいんです。御社を受けている過程でも、私は大きく成長することができました。自分と御社の未完成な、発展途上な可能性に賭けたいと思っています」

こう話しながら、「心からここで働きたい」という思いがこみ上げてきた。ほんの少し涙声になっているような気がした。それでも構わない。とにかく、必死で自分の気持ちを伝えた。

みなさんが、身を乗り出すように聞き入ってくれた。

言いたいこと、伝えたいことを全部出し切ったような気がした。ベストを尽くした。そう思えた。

お辞儀をして、役員会議室を出た。

「お疲れさまです」

女性人事担当は笑顔で声をかけてくれた。その表情は、まるで「やったね！」と言ってくれてるような気がした。

「面接結果は、５日以内にご連絡しますね。ありがとうございました」

ボクは、深くお辞儀をして会社を後にした。

再会、そして……

胸がいっぱいだった。

オレは、やり遂げたんだ。

ツライときもあったけど、やっとここまで辿りついたんだ。

そう思うと、なんだか少しオトナになったような気がした。

そうだ。

ボクはｉＰｈｏｎｅを取り出した。ジミーさんに電話をしようと思ったんだ。

あのとき、ボクは「納得できる内定が出るまで会わない」とメールに書いた。

ちょっと気が早いかもしれない。でも、一刻もはやくジミーさんに報告したかった。ジミーさんが喜ぶ顔が見たかった。

でも、やはり緊張した。だって、あれ以来、はじめて口をきくんだ。ジミーさんにあんなことを言ってしまったことが改めて悔やまれた。

ルルルルル、ルルルルル……。

あれ？　出ない？

そう思った瞬間だった。

「晃彦？」

ジミーさんが出た。

「内定出たの？　どこ？　いつ？」

やっぱり、せっかちだ。ボクが一言も発してないのに、矢継ぎ早に質問を投げかける。

「いえ、今日、最終面接だったんです」

「で、うまく行ったの？」

「は、はい！　バッチリです！」

「ほんとに？　やったね！　よくやったよ！」

ジミーさんは、電話口ではしゃぎまくっていた。その声を聞いていると、込み上げてくるものがあった。だって、こんなボクのことで、こんなに喜んでくれる人がいるなんて、奇跡のようじゃないか。

「ジミーさん……」

「なによ?」

「ありがとうございました……」

「なに言ってんのよ。それより、店に来るでしょ? 待ってるからね。早く来なよ! じゃあね」

そう言うと、一方的に電話を切った。

ツーツーツーツー……。

ボクはしばらく呆然と、その音を聞いていた。


その日、SMOKEは大宴会となった。

ジミーさんは、〝この日〟のためにモエ・シャンドンのロゼを用意してくれていた。料理もふんだんにつくってくれた。それを、お客さんにもふるまって、一緒に祝ってくれたのだ。

そして、宴会は朝まで続いた……。

翌日はヒドイ二日酔いだった。

さすがにこの日は休んだが、次の日から、ボクは再び動き始めた。

ネクスリンクが第一志望であるのは確かだ。でも、まだ他社の選考が残っている。ここで、手を緩めてはいけない。そう思ったのだ。

結果発表を楽しみに、ボクは毎日電車に乗って会社を回った。

暑い。猛暑だ。いや、酷暑だ。

それでも、ボクはリクルートスーツを着て電車に乗る。最後まで手を抜いちゃいけないって言い聞かせていたんだ。


そして、5日が過ぎた。

ｉＰｈｏｎｅがブルブルと震えた。

結果発表のメールだ！

ボクは、慌ててｉＰｈｏｎｅを取り出した。

そして、メールを開いた。

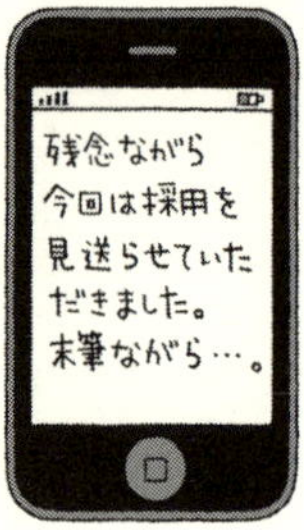
残念ながら
今回は採用を
見送らせていた
だきました。
末筆ながら…。

えっ、落ちた？

……なぜだ？

第10章

内定の、その先へ。

「では、自己紹介をお願いします」
「帝立大学の千葉泰です。私が学生時代に力を入れたことは……」

今日は、ウチの会社の面接日だ。今年、係長に昇進したボクは、新卒採用の面接官にかり出されることになった。会社から、「面接マニュアル」なるものを手渡された。これに沿って質問せよ、ということらしい。

それにしても、朝から延々と学生さんの代わり映えのしない話を聞き続けると苦痛になってくる。どこかで聞いたような話、どこかで読んだような話……。

「じっくり話してみたい」「ぜひ、採りたい」と思うヤツはなかなかいない。

千葉クンは、しどろもどろになりながら話し続けていた。

かなり緊張しているようで、声は震え、まともにボクの目を見ることさえできない。そして、よくある〝面接マニュアル本〟に書いてありそうなことを懸命にそらんじているように見えた。

がんばれ！

ボクは心のなかで、そう念じた。

なぜなら、かつての自分を見ているようだったからだ。

あれは、もう8年も前のことだ……。

＊

何から話したらいいだろう。

ボクは今、調味料や缶詰、冷凍食品などが主力商品の中堅食品メーカーで働いている。入社して8年。今年30歳になる。もう、カート・コバーンより長く生きている。

結婚もした。相手は……。今は、詳しく話せない。学生時代にSMOKEで出会った女性とだけ言っておこう。卒業して3年目に再会し、2年間の交際ののち籍を入れた。お互いに学生時代は恋愛の対象として見ていなかったが……。人生って何があるかわからない。

そして、来月には、子どもが誕生する。もうすぐ、ボクは父親になるのだ。

第一志望だったIT企業・ネクスリンクには最終面接で落とされてしまった。ベストは尽くしたし、手ごたえもバッチリだった。だけど、ダメだった。理由はよくわからないけど、たぶん、会社の求めている人材像と合わなかったんだろう。あるいは、自分より採るべき学生がいたのだろう。

相当落ち込んだけど、あそこまでやって落ちたんだから、しょうがない。そう思えると強いもので、意外とあっさりと立ち直ることができた。そして、ある日、キャリアセンターでこの会社の求人票を発見したのだ。

そこそこ有名な企業だった。5月中旬にいったんは採用活動を終えたが、内定辞退があったことと、業績好調を受け追加募集に踏み切ったのだ。もう、こしかないと思って全力を尽くした。なんとか内定にこぎ着けたときには、もう10月に入っていた。就職ガイダンスに参加してから1年3か月。ようやく、長かった就活は終わったのだ。

入社前日の3月31日には、ジミーさんが常連さんを集めて「壮行会」を開いてくれた。そうそう。酔っ払ったジミーさんが、「今日はデスメタルよ！」という思いを込めてＤＪをやってくれたんだ。「死ぬ気でがんばれ！」という思いを込めてくれたらしいが、いま考えてもどうかしている。ジミーさんはデスメタルに合わせて首を振った。何度もタオルで顔をぬぐっていた。涙を流してるんだと思ったけど、ジミーさんは汗だって言いはった。

その夜、アパートに帰る途中でみた夜桜はキレイだった。思わず立ち止まって、夜桜が風に吹かれて散っていく様子を見つめていた。あぁ、青春が終わるんだ。明日からは社会人なんだって思った。

一夜明けると、ボクは「社会人」になっていた。カッコ付きの「社会人」だ。だって、ぜんぜん使いモノにならなかったんだから。それに、相当詳しく調べたつもりだったが、会社に入ってみれば考えていたものとは全然違っていた。

入社してのん気でいられたのは研修期間だけ。それもあっという間に終わって、東京の営業所に配属になった。首都圏の中堅スーパーの営業担当として、営業車で走り回る日々が始まった。取引先の担当者に自社商品を売り込むわけだが、これが思った以上にキツかった。最初は、まともに相手にしてもらえない。注文をとれずに会社に戻ると、上司がオニの形相になった。だから、翌日もまた必死で営業する。でも、ろくに売上げがたたない。そんな毎日だった。

ミスも連発した。納品が遅れたり、品物を間違えたり……。ありとあらゆる失敗をしでかした。もちろん、得意先からもこっぴどく叱られた。

入社1年目が終わるころ、上司に呼び出されて飲みにいった。「もうすぐ新人が入ってくる。オマエ、いつになったら一人前になるんだ？　先輩として教えられるのか？」。そう問い詰められて、泣き出してしまったこともある。

実際、2年目になってもミスばかりで、入ってきたばかりの後輩とよく比較されたもんだ。もう会社にいられない、もうこんな会社やめてやる……。何度も、そんなことを思った。それでも、必死で耐えた。途中で投げ出しちゃダメだ。一人前になるまで食らいついてでも頑張ろう。その一念だった。

それなりに自信をもって仕事ができるようになったのは、4年目くらいだろうか。そう、本当に、気がついたら、できるようになっていた。**仕事って頭で覚えるんじゃなくて、失敗しながら〝身体〟で覚えていくものなんだ**と思う。

5年目で名古屋に転勤になり、久しぶりに実家で暮らすことになった。新しい得意先に馴染むのに少々手間取ったが、慣れてしまえば仕事がうまくまわり始めた。そして、コツコツと日々の仕事を積み重ねていった。

そして、去年――。

〝肝いり商品〟の東海地域におけるマーケティング・リーダーに抜擢された。「オマエならできる」と上司は言った。はじめての仕事に不安を覚えたが、やるしかない。腹を決めて、とにかく前に進んだ。懇意にしていた地元スーパーの仕入れ担当者に頼み込んで一大タイアップキャンペーンをしかけた。それが大当たりとなった。まぐれみたいなものかもしれないけど、その仕入れ担当者との日頃の信頼関係がなければできなかった仕事ではある。

そして、この仕事が評価されて、「社長賞」というものをもらった。ボク以外にも10人ほどの社員が受賞しているのだから、そんなにたいそうなものでもない。だけど、嬉しかった。**「これでオマエも一人前だな」**。東京時代に厳しくされた、かつての上司にそう言われたときは思わず涙がこぼれた。「頑張ってきてよかった」。そう思うと、グッときたんだ。

最近になって、この会社に出会えて本当によかったと思うようになった。もちろん、仕事はキツい。いつも数字を追いかけ、数字に追われている。そして、負けたり勝ったりを繰り返している。失敗もすれば、怒られもする。落ち込むことだってある。疲れて電車の中で口を開けて寝ることもあるし、居酒屋で会社のグチを言うときもある。まぁ、よくいるサラリーマンだ。

でも、30歳になって**働く楽しさがやっとわかった気がする**。ボクの仕事はとっても地味だ。でも、「縁の下の力持ち」として、多くの人々の食卓に彩を添えているんだ。そして、働く仲間との絆、成長している感じ、困難を乗り越えて何かを成し遂げたときの喜び。それらが、渾然一体となってボクを突き動かしている。

今となれば、ボクにとって**就活は小さな小さな出来事**となった。

だけど、改めて振り返ると、あのときジミーさんが、「自分を安売りしちゃダメ」と叱りつけてくれなかったら、この会社に入ることはなかったかもしれない。それに、入社してからも、仕事がうまくいかなくて苦しかったとき、いつもボクを支えてくれたのは、ジミーさんの教えだった。「とにかく、前に進め！」「徹底的に、やり抜け！」「あきらめるな！」……。これらの教えがあったから、なんとかここまで頑張ってこれたんだ。

ボクは、ＳＭＯＫＥでの日々を思い出した。

ジミーさんは、いつもボクを笑わせてくれた。いつもボクを叱りつけてくれた。そして、いつもボクを励ましてくれた。そのありがたさが、今になって身に沁みる。

ボクは思わず手を合わせたくなった。だって、まるでジミーさんが、ボクの人生を変えてくれた「神さま」のような気がしたからだ。

そうだ。

子どもが生まれたらSMOKEに連れて行こう。

そして、ジミーさんに抱っこしてもらうんだ。

ジミーさんは、きっと喜んでくれるに違いない。

＊

「自分の言葉で語れ」

ボクはジミーさんの言葉を口にした。

汗だくになって話していた千葉クンは、キョトンとしてボクを見つめた。

アハハハ。ボクは戸惑う千葉クンに笑いかけた。

「もう、やめないか？　ボクもほら、こんな面接マニュアルを読み上げてただけ。キミもマニュアル本をなぞるだけ。ひどいよな？　お互いにこんなことやめようよ。**せっかく出会えたんだ。もっと本音で話そうよ**」

「は、はい！」

千葉クンは、目を輝かせた。

そして、ボクは面接マニュアルを放り投げたんだ。

Smoke
Pu
Rock Bar Smoke

あとがき

たくさんの「晃彦」を見てきました。

自信が持てず、何をやっていいかもわからず、軸がブレ、立ち止まったり、倒れてしまったり……。だけど、何度も立ち上がって、前に進む。そんな「晃彦」を見てきました。先のことがわからずに悩む。これは、新卒の学生に限らず、多くの人が直面することです。人生において、すべては初体験です。親も上司も社長も、それぞれ初体験として、その役割を演じています。みんな、不安なんです。自信がないんです。

こう言っている私だって、自信がない……わけではありませんが、必要だと思うレベルにはちょっと足りません。分不相応な仕事を頂くことがよくあります。著者として意見を発信したり、逆立ちしても勝てない著名人と対談したり、大学で学生に教えたり……。ただ、そういう時に「自信がない」なんて言ってられないわけです。

私は、ずっとこう考えてきました。自信がないから動けないんじゃない。自信がないからこそ前に進むんだ、と。なぜなら、苦しくても前に進まなければ、成長なんかできないじゃないですか。成長できなければ、自信もつかないじゃないですか。ただ、それでも自信がないから、家族や仲間、先輩に支えてもらうわけです。本当に、ありがたいことです。

青臭いとか、牧歌的だとか、思われるかもしれません。

だけど、私たちオトナは、未完成で発展途上の若者の可能性に賭けるべきだと考えています。そんな若者を応援して、支えて、育てる。私は、それこそが「賭ける」ということだと思っています。そして、人が人を育て、育てられた人がまた次の人を育てる。そんな育てる連鎖、支える連鎖こそ、いまの日本が大切にするべきことではないでしょうか?

もちろん、そういう社会でなくなってしまったから、みんな困っているわけですが、次の時代をつくるためにはどうすればいいかを考えるべきです。

例えば、自分の周りに「晃彦」みたいな若者がいたら叱咤激励する。支えてあげながら、前に進むことを応援する。これって大事なことなんじゃないかと思うんです。

ジミーさんは、そんな私の願いを込めたキャラクターです。

これまでの人生で、私にはたくさんのジミーさんがいました。厳しくも温かく、そして徹頭徹尾、応援してくれるオトナ。ときに、そんなジミーさんに反発したり、反抗したり、思い返すと恥ずかしい限りですが、しかし、そんな経験すらも、今となれば成長へのステップだったんだと気づかされます。そして、ジミーさんは、そんな未熟な私を許して、励ましてくれたのです。まるで、「神さま」のようです。

だから、今度は、私がジミーさんをめざさなければならない。それが、私なりの恩返しなんだと、そんなふうに思っています。もしも、読者の皆さんにも同じ思いをもっていただけるのならば、そんなに嬉しいことはありません。

この本は、関西学院大学生協書籍部の満田弘樹さんと就活生を励ます本の企画についてＴｗｉｔｔｅｒでやりとりしているのを、ＷＡＶＥ出版の田中泰さんが目撃したのがきっかけで生まれました。ご両人に御礼申し上げます。また、ご協力いただいた学生さんや株式会社クオリティ・オブ・ライフのスタッフ、支えてくれた家族に心から感謝します。

実は、小説を書くことは幼い頃からの夢でした。「夢みたいなこと言いやがって。バカじゃん」って、何度も言われました。でも、ここに夢がかないました。

目の前のことをマジでやるから、夢は叶っていく。

このことも、若者に伝えたいと思います。

「明日やろう」はバカヤロウです。衝動を胸に、今日という日をやり尽くしましょう。

２０１１年10月10日

書斎にて　常見陽平

参考文献一覧

『面接の強化書』(岩松祥典　翔泳社)

『人生を無駄にしない会社の選び方』(新田龍　日本実業出版社)

『経済ってそういうことだったのか会議』(佐藤雅彦　竹中平蔵　日本経済新聞社)

『22歳からの国語力』(川辺秀美　講談社現代新書)

『仕事で「一皮むける」』(金井壽宏　光文社新書)

『リーダーシップの旅』(野田智義　金井壽宏　光文社新書)

『ブラック企業、世にはばかる』(蟹沢孝夫　光文社新書)

『ホームレス博士』(水口昭道　光文社新書)

『採用力のある面接』(辻太一朗　生活人新書)

『ブラック企業に負けない』(NPO法人POSSE　今野晴貴　川村遼平　旬報社)

『いい会社はどこにある?いい人材はどこにいる?』(伊藤秀一　PHP研究所)

『就職ジャーナル　2009年4月・5月号』(リクルート)

『大学生の学習・生活に関する意識・実態調査』(Benesse教育研究開発センター)

『第28回 ワークス大卒求人倍率調査(2012年卒)』(リクルートワークス研究所)

『2012年卒マイコミ新卒採用予定調査』(マイナビ)

『平成22年度　能力開発基本調査』(厚生労働省)

『国民生活に関する世論調査(平成22年6月)』(内閣府)

『就職活動実態調査(2011年3月卒大学生・大学院生)』(リクルート)

『2012年卒　マイコミ大学生のライフスタイル調査1』(マイナビ)

『リーダーシップでいちばん大切なこと』(酒井穣　日本能率協会マネジメントセンター)

『世界一わかりやすい業界と職種がわかる本’13』(イノウ編著　自由国民社)

『営業の科学　トヨタとリクルートに学ぶ最強の実践トレーニング』
(木村秀之　日経ビジネスアソシエ2004年12月21日号)

［著者プロフィール］

常見陽平　つねみ・ようへい

人材コンサルタント、大学講師、著述業。就活応援サイト「就活の栞」編集長(http://www.s-shiori.com)。北海道札幌市出身。一橋大学商学部卒。1997年に株式会社リクルート入社。2005年に玩具メーカーに転じ、新卒採用を担当。2009年に株式会社クオリティ・オブ・ライフに参加。これまでの人生で就活、採用活動の矛盾、問題を最前線で目撃し、そのウラのウラまで熟知する。

インチキ、偽善、茶番、タテマエに対する怒りと、若者に対する愛を胸に、学生、企業、大学、就職情報会社、親、官庁など様々な関係者の立場を熟知した上で、現場視点での執筆、講演などマルチに活動中。過激で歯に衣着せぬ情報発信が賛否両論を呼んでいる。実践女子大学、白百合女子大学、武蔵野美術大学などで非常勤講師（キャリア論）も務める。

著書に『大学生のための「学ぶ」技術』（主婦の友社）、『親は知らない就活の鉄則』（朝日新書）、『「キャリアアップ」のバカヤロー』（講談社＋α新書）など就活、キャリアに関する著書多数。

就活の神さま

自信のなかったボクを
「納得内定」に導いた22の教え

2011年10月29日　第1版第1刷発行　定価（本体1400円＋税）
2012年4月5日　第2刷発行

著　者　常見陽平
発行者　玉越直人
発行所　WAVE出版

〒102-0074 東京都千代田区九段南4-7-15
TEL03-3261-3713 FAX03-3261-3823
振替 00100-7-366376
E-mail:info@wave-publishers.co.jp
URL:http://www.wave-publishers.co.jp

印刷・製本　中央精版印刷

ISBN978-4-87290-538-0

Fin